股权最重要的事

THE MOST IMPORTANT THING OF EQUITY

于胜 著

中国人民大学出版社
· 北京 ·

前言

如何设计股权架构才能更有效地控制公司？大股东在持股比例持续降低的过程中，怎样更有效地巩固控制权？股权激励如何实施？股权激励方案如何制定？怎样才能使公司股权持续增值？如何才能实现股权融资和上市？如何选择上市交易所？

…………

在创立和运营过程中，多数公司会遇到这些“顶层设计”问题，它们环环相扣并且相互影响，必须系统地理解和处理。本书分析了几十个实践案例，详述操作原理，解析操作过程并提供方案和协议范本等，给出上述股权问题的系统解决方案，力求使读者“知其然，知其所以然”。

作为营利性组织，公司运营的核心是使股东价值最大化。

股东价值来源于两个方面：一是销售产品或服务产生盈利后的分红；二是转让股权获得的资本增值。

外部投资者购买公司股权，意味着其看好公司未来的发展，寄望通过未来的盈利和股权价值增长带来投资收益；投融资过程中，公司治理情况是成败的关键。

在现代企业制度下，公司治理分为三个层面：

一是所有权，即股权，体现形式是股东会、股东大会。

二是决策权和监督权，体现形式分别是董事会和监事会。

三是管理权，体现形式是包括总经理或首席执行官在内的各职能部门。

在这三个层面中，所有权决定公司决策权和管理权的归属：控制了股东会、股东大会，就能够控制董事会以及总经理等具体职能部门人选，我们经常说的“股权为王”就是这个道理。反过来，公司的决策权和管理权也对所有权产生相应的影响：公司战略决策得当、管理和运营得好，股权价值就高，就可能吸引内外部投资者加入，从而改变和优化公司的所有权架构。

很多治理完善的西方企业，其所有权、决策权和管理权是分离的，即股东可能并不担任具体的管理职务，而是聘任董事和职业经理人来管理和运营公司；为了激励他们为股东价值的增长而努力，会对他们进行股权激励。这就是股权激励诞生的动因。

在中国，大多数民营企业还做不到所有权与决策权、管理权分离，即大股东通常兼任公司董事长、总经理等职务。但是随着科技的进步，产品、技术等更新和迭代的速度越来越快，社会分工也越来越细，公司对人才的依赖越来越强。在这种情况下，完善股权架构、建立富有凝聚力的管理制度和企业文化，利用股权激励留住人才、抢夺人才是越来越多公司的必然之路。股权激励的结果，就是越来越多的员工分享公司股权、成为公司的股东，增强主人翁责任感的同时，分享公司价值增长带来的财富。此外，股权融资将吸引越来越多的外部资本加入，公司在获得扩张和发展所需资金的同时，持续优化股权架构，为高速发展和实施并购、多元化等公司层战略奠定基础。

由于股权比例归根结底是零和问题，在持续的股权激励和融资过程中，创始人的股权比例将逐渐降低。这样一来，多数企业将面临股权管理问题，包括如何设计股权架构、如何最低成本地控制公司、如何实施股权激励和融资、如何通过有效的运营使股权价值最大化等彼此相互影响、相互作用的问题。从这些问题可以看出，股权管理不仅仅是简单的持股比例分配问题，还是一个涉及多方面因素的系统问题，处理不当可能会引发灾难性的后果：有的公司，因为创建时的股权架构存在隐患，导致创始人后来丢掉了公司；有的公司，因为股权架构不合理，长期陷于实际控制权的争夺战中，公司经营每况愈下；有的公司，因为未能及时调整战略或商业模式，最终失去竞争优势甚至退出市场，导致股权价值大减……也有些公司，因为善于利用股权融资，借助资本杠杆不断研发新技术、推出新产品、收购竞争对手，快速发展成为行业龙头……

只有参透股权管理的核心和本质，才能善用股权的力量有效对接资本市场，不断借助资本杠杆快速发展，并在激烈的竞争中脱颖而出。

本书通过揭示股权架构设计、公司控制权、股权激励和股权融资的操作原理以及大量的案例、操作方法、过程和文案范本，向读者提供了股权问题的系统解决方案。

目录

目 录

目 录

第一篇

股权架构设计

市场经济本质上由资本驱动。资本具有两个核心属性：逐利性和流动性。这两个属性决定了资本的流向——可能获得最大利益的地方。

我们投入资本、创建公司，为的是运营后获得更大的利益；投资机构投资入股，同样期待从中收获更大的利益。无论投资、融资还是获利退出，本质上都是资本的流动过程。在这一过程中，公司的股权架构将发生变化。

股权架构是一个零和博弈：在总和100%的框架下，各股东的股份此多彼少。股权价值却可以是正和博弈：健康发展的公司，随着股权激励和股权融资的进行，股东的持股比例虽然逐渐降低，但由于公司市值增长幅度更大，股东价值实现增长。

股东价值主要源自两个方面：一是销售产品或服务产生盈利后的分红；二是转让股权获得的资本增值。前者由产品思维决定，将产生赚钱的公司；后者由股权思维驱动，将产生值钱的公司。这两者有着辩证统一的关系。长期看，产品思维在相当程度上决定股权的价值，股权借助产品思维构筑的盈利能力放大价值；短期看，股权思维聚焦扩大市场份额而暂时忽略盈利能力，公司甚至会亏损，但由于市场份额的持续增长，造就值钱的公司。总体来看，两者是统一的，因为暂时的亏损是为了将来更好地盈利。

创建一家“值钱的公司”可能是每个创业者的梦想，但是要求创业者必须有能力挺过亏损期，必须具有持续的股权融资能力，这主要取决于两大要素：产品思维主导下的发展战略、商业模式等是否具有足够吸引力，以及股权思维主导下的公司治理结构是否科学合理。

公司治理结构的核心是所有权、决策权与管理权的均衡，既需要利用股权架构进行制约，避免一股独大损害小股东的利益；又需要在统一领导下，通过股权激励、股权融资等调整和优化股权架构，充分调动管理者和投资者的积极性，实现全体股东利益最大化。

股权架构是公司治理的源头，良好的股权架构将为公司管理、决策以及开展股权激励和股权融资奠定坚实的基础；如果股权架构存在隐患，那么随着公司的发展，股东之间往往会产生分歧和矛盾，甚至产生控制权纷争。

01 股权架构的悲剧与喜剧

股权代表企业的所有权，其架构表明了企业的所有者架构：它是一个零和博弈，在总和100%的框架下，各股东的股份此多彼少；它是公司汇聚的社会资源的体现，是资本与资源关系博弈均衡的结果。这种均衡是暂时的且动态变化的，因为利益关系达成的均衡，往往也会因为利益关系被打破：如果股权架构存在问题，一旦原有的博弈均衡被打破，大股东的控制权乃至整个公司的运营就会受影响，重新夺回公司控制权需付出很大的代价。

在利益面前，道德、情义和人性往往经不起考验，正如西方经济学的基本假设之一所言的：人是理性的。在商言商，巩固公司控制权不能依赖道德、情义或人性约束，最有效的方式是重视股权架构（设计）、防患于未然，并依靠架构和机制有效地控制。

真正的高手不是出现问题后的力挽狂澜者，而是从一开始就避免隐患、让问题从不发生的人。

设计股权架构之前，我们先来熟悉现代企业的架构（见图1-1）：

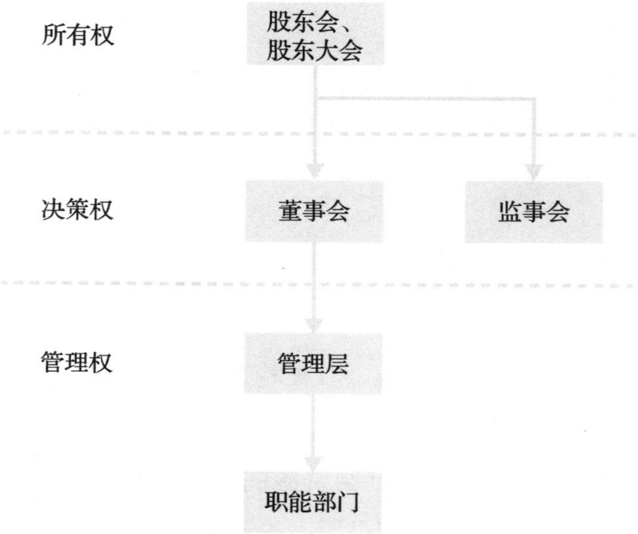

图 1-1　现代企业制度示意图

如图 1-1 所示，在现代企业制度下，公司治理分为三个层面：

一是所有权，即股权，体现形式是股东会、股东大会；

二是决策权和监督权，体现形式分别是董事会和监事会；

三是管理权，体现形式是包括总经理或首席执行官（CEO）在内的各职能部门。

三个层面中，所有权即股东会、股东大会决定公司决策权和管理权的归属，控制了股东会、股东大会就能够控制董事会，从而决定总经理等具体职能部门人选，掌握公司的实际经营管理权。“股权为王”就是这个道理。自上而下掌握公司的控制权事半功倍甚至一劳永逸；反之，如果自下而上，即通过管理权去影响决策权和所有权，则事倍功半而且难持久。因此股权架构设计被称为顶层设计。

良好的股权架构有利于大股东控制股东会、股东大会，进而控制董事会和职能部门，掌控公司的日常经营管理和重大事项决策，确保公司在发展的关键环节不会遭遇掣肘；在股权融资过程中，良好的股权架构能助力大股东很好地控制公司，不至于使大权意外旁落甚至公司易主。股权架构存在缺陷常常为公司未来的发展埋下隐患。

创始大股东玩丢公司

公司初创时，大股东建立控股架构、控制公司的代价较低；如果初创时没有控股，当公司发展壮大后，股东之间发生争斗时，创始大股东再想“夺”回控制权就需要付出极高的代价，甚至酿成从公司出局的悲剧！

|案　例|

吴长江和雷士照明，股权架构隐患引发的悲剧[1]

1998 年，吴长江与高中同学杜刚、胡永宏三人共同出资 100 万元（其中，吴长江出资 45 万元、杜、胡各出资 27.5 万元）成立惠州雷士照明有限公司，三人的股权比例分别为：45%，27.5%，27.5%。吴长江明白控股的重要性，自己的管理能力、经济实力也比杜、胡二人强，多出 6 万元占比 51% 可谓轻而易举，但兄弟情义战胜了控股意识，也为雷士照明日后的动荡埋下了“地雷”。

吴长江坚持“渠道、诚信、品牌”的经营理念，并首创产品召回和专卖店加盟制度，雷士照明快速发展成为LED灯具行业的龙头企业，到2002年年营业收入已超过3亿元。公司虽高速发展，但几年来一直没有分红，盈利全部投入渠道建设中（补贴经销商和专卖店等），因此，杜、胡开始与吴长江产生分歧甚至矛盾。

2002年，雷士照明进行了首次分红及股权架构调整，公司从利润中拿出1 000万元分配给吴长江，但三人在公司的股权比例变为各占三分之一：吴长江为了挽救兄弟情谊，主动稀释了自己的股权让利给杜、胡二人。

不久，吴长江被迫辞去总经理职务而只担任董事长，由胡永宏接任总经理。此后，雷士照明问题频出，增长速度由以往的100%以上降至50%。2003年年底，吴长江重新出任总经理。

2005年，吴长江准备在各省成立运营中心，但杜、胡二人根据《中华人民共和国公司法》（以下简称《公司法》）和《公司章程》召开股东会，否决了他的提议，并要求他走人，用8 000万元回购他的股权。吴长江黯然离开了自己创立的雷士照明。

3天后，在雷士照明的供应商和经销商大会上，公司200多名供应商和经销商以及所有中高层干部举手表决，全票通过让吴长江留下，杜、胡各拿8 000万元走人！中国商业史上首次出现了由企业的管理权决定股东去留、影响企业所有权的案例！

吴长江胜利了，但代价也是沉重的，创立时原本几万元最多几十万元可以解决的问题，如今不仅付出了1.6亿元的代价，兄弟情谊也彻底终结！杜、胡在退出协议中约定：由吴长江先支付1亿元，其余6 000万元在2006年6月30日前付清，否则他们有权拍卖雷士照明的资产和品牌。吴长江被迫开始进行股权融资，他甚至借过高利贷，这些债务最终债转股。协议约定的截止期限前，软银赛富趁机要求以2.2亿美元入股，占比35.71%，并占据董事会5席中的3席。吴长江无奈中同意了！

董事会的失控令吴长江极为被动，一些商业计划因被否决而无法实施。为了改变这种局面，2008年吴长江以优化股权结构为由引入高盛，后者投资3 655万美元，占比9.39%；没想到软银赛富跟投了1 000万美元，最终占比30.73%；吴长江无力跟投，股份被稀释到29.33%！借助第二轮融资，软银赛富一跃成为公司第一大股东！

2010年，雷士照明在中国香港首次公开募股（IPO，2.1港元/股，发行7.28亿股）上市。

2011年，在软银赛富牵线下，法国施耐德电气耗资12.75亿港元受让前六大股东共计2.88亿股，占比9.22%，成为排在软银赛富、吴长江之后的公司第三大股东。

2012年，因意见不合，软银赛富的阎焱通过董事会免去吴长江董事长和CEO职务，将其赶出雷士照明，自己出任董事长，施耐德的张开鹏任CEO。吴长江再次离开雷士照明。

2012年7月12日，雷士照明召开中高层管理人员月度闭门会议。结果，会议又成了逼宫大会：参会的管理层、供应商和经销商齐向软银赛富的阎焱和施耐德高层施压，要求吴长江回到雷士照明、施耐德退出等。第二天，雷士照明供应商启动了罢工停供，到8月10日，核心供应商全部停止供货，雷士照明断货了。在巨大的经营压力下，CEO等多名施耐德高管被迫辞职，算是妥协了；但董事会一直不同意吴长江回归。断货风波持续了近一年，直到2013年6月23日公司才发表公告，吴长江在股东大会上当选为公司执行董事，这意味着他再次回归雷士照明。

经历第二次动荡后，吴长江为驱逐阎焱，引入了A股上市公司德豪润达（实际控制人王冬雷）。德豪润达觊觎LED照明业务已久，为了防止吴长江两次回归雷士照明的风波重演，它采取了一种相对复杂的架构：收购了吴长江持有的雷士照明18.75%的股份，并在二级市场上继续增持雷士照明股票，成为其第一大股东；同时，德豪润达向吴长江个人增发股权，使吴长江成为德豪润达第二大股东。这样，吴长江只通过王冬雷控制的德豪润达间接持有雷士照明的股份！为了保证自己在雷士照明的管理权，吴长江单独与王冬雷签订了一份“抽屉”协议。

2014年5月，王冬雷成为雷士照明的董事长。8月8日，CEO吴长江“下课”，同时吴系高层被“清理”，雷士照明的优质业务开始并入德豪润达，两家公司开始了“深度整合”。8月29的临时股东大会上，王冬雷以吴长江违规担保、可能给公司带来巨额损失为由，投票罢免吴长江在雷士照明的一切管理职务。至此，吴长江彻底出局雷士照明。

吴长江依然没有放弃，双方的争斗仍在继续，有人曾劝他罢手，吴长江表示：“在别人看来，雷士照明只是一个赚钱工具；但是对我而言，它就像我一手养大的孩子，没有它，我就没了一切。”

2014年10月28日，惠州警方立案侦查王冬雷起诉吴长江职务侵占、挪用资金案；2016年12月21日，惠州中院做出一审判决：吴长江因挪用资金、职务侵占罪被判处有期徒刑14年。

吴长江和雷士照明的故事是一曲股权控制的悲歌，结局令人唏嘘。

从股权架构设计和控制权角度分析这个案例，可以得到诸多的教训：

初创时45%+27.5%+27.5%的架构，是典型的无控股股东架构，吴长江“少花了22万元”注册资金，却为自己和公司的未来埋下了巨大隐患：重大决策自己无权决定，而其他两个股东团结一致时反而可以控股！

当公司发展壮大后，股东之间出现矛盾和分歧，吴长江企图通过出让利益挽回情义，股权架构进一步“妥协”，三人各占三分之一对吴长江更加不利，其他两个股东联合起来竟能实现绝对控股！吴长江不仅决策权和管理权被剥夺，甚至被要求出让所有股权、彻底出局。造成吴长江被动局面的表面原因是小股东的道德和情义没有经得起利益的考验，深层原因则是股权架构不合理。

好在吴长江在多年的努力中，赢得了经销商、管理层等的信任和支持，他们居然帮助吴长江夺回控制权，并且直接干预、影响了公司的股权架构，让另外两个股东出局！这种通过管理权自下而上地影响并决定决策权和所有权的案例极其罕见，也是笔者将其作为开卷案例的重要原因。

清理出局两个股东，本来有望形成良性的绝对控股架构，但辞旧迎新的结果并不理想：为了赎回股权，吴长江被迫融资引入软银赛富，自己变成第二大股东，并失去了董事会控制权，其总经理位置、对公司的实际控制权充满了风险，这为以后所有的悲剧埋下了伏笔。

当吴长江再次被免去董事长、总经理职务后，戏剧性的场面再度发生：管理层和上下游合作伙伴再次发力，帮助他回归。吴长江痛定思痛、决定削弱软银赛富的股权，但是在引入新的合作伙伴德豪润达时仍然没有重视股权架构和控制问题，终于酿成更大的悲剧。

吴长江的主要问题在于重下而轻上，即忽视所有权和决策权控制，重视管理权和情义；依赖情义的控制权不可靠，难以持久。上下游合作伙伴和管理层先后两次助他夺回公司控制权，可见他在日常管理中的影响力确实很大；但这种影响力归根结底是基于利益的，失去所有权和决策权的支撑，再大的影响力也是暂时的——德豪润达整合雷士照明的过程中，合作伙伴们为什么没能第三次“创造奇迹”？

如果初创时吴长江多出资22万元、占67%的股份实现绝对控股，可能就不会有后面的悲情故事。依靠情义和人性去约束别人的欲望、确保自己的控制权很难，只有依靠架构和机制才能够更好地约束、控制这一切。大股东必须重视公司股权架构设计和控制，否则，公司在发展中很可能陷于争斗甚至易主。

控制权纷争大伤元气

公司没有控股股东，可能会引发控制权争夺；没有大股东，控制权之争可能更加激烈。为了争夺控制权，无论股东会或股东大会召开还是董事会、管理层任免等，双方难免会为了己方私利处处相互拆台，公司的重大经营决策事项难以通过表决。在这样的乱象之下，公司很难正常经营。

|案　例|

荃银高科，股权分散引发的纷争[2]

安徽荃银高科种业股份有限公司是一家从事农作物种子科研、加工、销售等业务的创业板上市公司，由张琴、贾桂兰等持有的安徽荃银禾丰种业有限公司改制而成。公司改制上市后，董事长张琴为第一大股东，持股比例 8.98%；董事贾桂兰为第二大股东，持股比例 8.7%，公司股权分散，且第一、第二大股东持股比例接近。

2013 年 11 月 30 日，公司发布公告：第二大股东贾桂兰陆续增持公司股票，至 2013 年 11 月，持股比例增至 10.44%。贾桂兰取代张琴成为公司第一大股东！

2014年7月21日，张琴与中植系企业签订战略合作协议，约定成立一家有限合伙企业作为双方的合作平台，致力于收购公司小股东股份并成为公司第一大股东。张琴与贾桂兰对公司的控制权之争彻底公开化。

同日，中植系企业与公司签署《非公开发行附条件生效的股份认购合同》，拟认购公司向其非公开发行的690万股股份；与高健、李成荃等12名股东签订《股份转让协议》，协议条件包括高健、李成荃辞任上市公司董事。但是，该定向增发方案未获股东大会通过：2014年8月8日，公司召开2014年第一次临时股东大会，所有向中植系企业定向增发的议案均未通过；此外，中植系提名的董事人选未通过董事补选的议案。

2016年3月1日，公司发布公告：中植系企业通过二级市场累计购入占公司总股本16.61%的股票，成为第一大股东。

2016年4—5月，公司先后召开董事会、股东大会，审议张琴提交的18项关于收购同路农业股权的议案。董事贾桂兰未出席，视为弃权；董事陈金节对该议案投了弃权票。18项公司收购同路农业股权的相关议案均未获通过。

2017年8月10日，公司董事会再次提请股东大会审议同路农业收购项目。8月25日，2017年第一次临时股东大会召开，17项关于定增收购同路农业的议案再次被否决。

2017年12月21日，公司发布公告：大北农系于9—12月间持续增持公司股份。至12月21日，大北农系已合计持有公司

13.57% 股份，成为公司第二大股东。

截至 2018 年 4 月，根据可查询到的公开信息，公司的股权架构为：

第一大股东，中植系，持股 16.13%；

第二大股东，大北农系，持股 14.17%；

第三大股东，张琴及其一致行动人，持股 10.75%；

第四大股东，贾桂兰及其一致行动人，持股 10.4%。

种业公司一直受到证券市场投资者的关注和追捧，荃银高科的发展前景本应非常好；但由于股权过于分散、第一大股东持股 8.98% 比例过低，而且与第二大股东 8.7% 的持股比例没有拉开差距，因此上市数年来一直处于两方甚至多方争夺公司实际控制权的状态：大家争相增持股份争夺大股东位置，否决对方的定增方案、董事人选、收购议案等，在重大事项决策上始终有人掣肘，原本前景很好的企业长期处于微利甚至亏损的状态。这一切，究其根源是公司股改时股权架构欠妥。

所谓公司，本质是一个利益平台。谁掌握了这个平台，谁就主宰了利益。当平台规模较小时，总体利益有限，大家容易和平共处；当平台越来越大、利益越来越可观时，股东的心态会发生变化，这就是控制权之争的缘起。“天下熙熙，皆为利来；天下攘攘，皆为利往。”利来、利往，唯有规范、有序，方能不乱、不争；不乱、不争的基础，是公司内部只有一个领导核心，而这一切，需要良好的股权架构做支撑。

良好的架构助腾飞

良好的股权架构将助力公司健康、快速地发展。最近十几年来，互联网行业涌现出不少公司，在它们创立时，大股东重视股权架构设计和控制权，借助股权融资高速发展，几年时间就发展成为市值数千亿元的世界级企业，大股东始终牢牢地掌握着控制权并实现股权价值最大化。

雷军和他创立的小米公司就是其中的典型。

|案　例|

小米科技初创时的股权架构 [3]

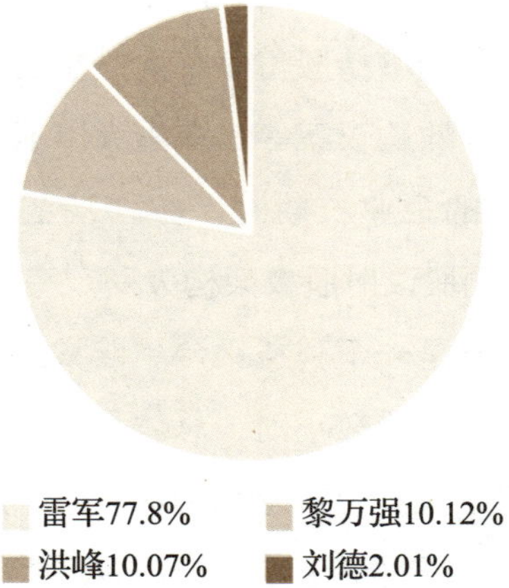

图 1-2　小米科技初创时的股权架构

雷军在创立小米科技时，吸取了自己之前创业的教训，十分注重股权架构设计。作为大股东，他持股占比 77.8%，牢牢掌握着公司的绝对控制权。小米科技并非最终的上市公司，是上市企业小米集团通过协议控制（VIE架构控制）的国内核心实体，但从中可以管窥雷军的股权控制思路。

小米在创建一个月后即完成了首轮融资，估值2 500万美元、融资1 000万美元（刘芹领投500万美元，全体员工跟投500万美元）；半年后融资3 100万美元、估值2.5亿美元（刘芹继续领投，其时小米只有54名员工且手机产品尚未研发完成）；第二年融资约5亿美元、估值10亿美元（诸多投资机构领投、刘芹继续跟投，手机研发完成、待投产）。

小米经历六轮融资（累计超过15亿美元）直到在中国香港IPO（融资370亿港元），雷军依然持有31.41%的股份，是公司的实际控制人。

手机研发和设计是典型的人才密集型环节，需要投入巨额的研发资金；手机生产和制造是典型的资本密集型环节，需要占用巨额的资金。小米在雷军的领导下，一开始就借助良好的股权架构对接资本市场融资，获得源源不断的资本支持，公司持续高速发展，从创立到成为价值数千亿元的世界级企业并在中国香港上市仅用了8年时间。如果不借助资本的力量，小米的发展不会如此快速；如果初创时股权架构欠佳，雷军有可能在持续、巨额的融资中丧失控制权或持股比例被大幅稀释，为别人做了嫁衣；如果初创时雷军股份占比较低，投资机构可能不会踊跃而不计风险地持续投资……可见，公司创立时，一个众望所归的绝对领导核心多么重要！

因此，大股东在创立公司时应重视股权架构，为更好地控制公司、实现价值最大化扫除隐患。

股权架构设计的作用之一，就是建立健康的“上层建筑”，防止和避免“早知今日，何必当初”式的悲剧发生，帮助公司在受控制的前提下蓬勃发展。

02 几个重要的股权比例

雷士照明和荃银高科的股权架构隐患，导致公司长期陷于控制权纷争；小米公司则借助良好的架构对接资本市场，实现持续高速发展。

要设计好股权架构、消除公司发展过程中的控制权隐患，就要熟悉相关股权比例对控制权的影响。对股东而言，持有不同比例的股权具有不同的意义。《公司法》和《中华人民共和国证券法》（以下简称《证券法》）的有关规定中涉及的几个重要比例，是股权控制的“生命线”。

三分之二以上

掌握三分之二以上股权的股东称为绝对控股股东，意味着拥有重大事项表决的一票决定权，几乎可以完全控制公司。

《公司法》规定，有限责任公司以下事项需要代表三分之二以上表决权的股东通过：

第四十三条 ……股东会会议作出修改公司章程、增加或者减少注册资本的决议，以及公司合并、分立、解散或者变更公司形式的决议，必须经代表三分之二以上表决权的股东通过。

股份有限公司一些重大事项则只需经出席会议的股东所持表决权的三分之二以上通过。《公司法》规定：

第一百零三条 ……股东大会作出修改公司章程、增加或者减少注册资本的决议，以及公司合并、分立、解散或者变更公司形式的决议，必须经出席会议的股东所持表决权的三分之二以上通过。

第一百二十一条 上市公司在一年内购买、出售重大资产或者担保金额超过公司资产总额百分之三十的，应当由股东大会作出决议，并经出席会议的股东所持表决权的三分之二以上通过。

当股份有限公司的股权分散、股东人数众多（例如很多上市公司）时，很多散户或小股东如果不参加股东大会，大股东实现绝对控制所需的实际股份比例较有限责任公司更低。

对于有限责任公司而言，大股东拥有或控制的股权比例达到三分之二以上，才能在上述重大事项（包括融资、成立分支机构、改制为股份有限公司等）发生时，利用自己的一票决定权控制决策的结果。

大股东控制了三分之二以上的股权，几乎可以完全控制公司，但与持有 100% 股权仍有一些差别：

- 大股东或管理层如果太过分，涉嫌严重侵害小股东利益，持股1%以上的股东可以发起诉讼，持股10%以上的股东可向法院发起解散公司。这两个比例的有关内容将在下面的介绍中详细解释。

●《公司法》规定，涉及股东个人利益并可能影响公司其他股东利益的事项，当事股东本人即使控股也无权决定，将由其他股东表决。例如，公司为股东提供担保以及股东向现有股东以外的人转让股权，这两项均需其他股东表决通过，涉事股东本人无表决权。

《公司法》规定：

第十六条　……公司为公司股东或者实际控制人提供担保的，必须经股东会或者股东大会决议。前款规定的股东或者受前款规定的实际控制人支配的股东，不得参加前款规定事项的表决。该项表决由出席会议的其他股东所持表决权的过半数通过。

第七十一条　有限责任公司的股东……向股东以外的人转让股权，应当经其他股东过半数同意。

综合来看，大股东持股100%并无必要：

● 持股三分之二以上已经足以实际控制公司，在日常决策管理过程中与100%控股几无差异。

● 社会分工越来越细，公司仅依靠大股东的一己之力难以发展壮大，需要凝聚多方面的资源和人才。大股东完全可以释放部分股权，吸引合伙人加入或者通过股权激励、股权融资对接资本市场，使股权发挥更大的作用。

大股东释放部分股权激励合伙人和员工、吸引外部投资机构，既彰显了与其他股东共享公司成长收益的胸怀和格局，又可以借助资本杠杆获得额外的资金支持，共赢思维和杠杆思维将助力公司更快速地发展。

持股三分之二以上（或者简作67%）对有限责任公司股东来说，是“绝对控股生命线”，持股比例低于此限意味着股东会重大事项一票决定权的丧失！但是，不再绝对控股和不再绝对控制是两个概念。即使持股比例低于三分之二，大股东仍可以通过表决权等控制手段实现对公司的绝对控制，避免重大事项决策过程一票否决的掣肘，具体内容参见“掌握控制权”一篇，此处不再赘述。

二分之一以上

持股50%以上就成为公司的控股股东[4]，意味着对需要股东会、股东大会过半数同意的事项，拥有一票通过权。

《公司法》中规定，控股股东（非绝对控股）拥有一票通过权的事项包括：

第十六条　公司向其他企业投资或者为他人提供担保，依照公司章程的规定，由董事会或者股东会、股东大会决议……

第三十七条　股东会行使下列职权：

（一）决定公司的经营方针和投资计划；

（二）选举和更换非由职工代表担任的董事、监事，决定有关董事、监事的报酬事项；

（三）审议批准董事会的报告；

（四）审议批准监事会或者监事的报告；

（五）审议批准公司的年度财务预算方案、决算方案；

（六）审议批准公司的利润分配方案和弥补亏损方案；

…………

（八）对发行公司债券作出决议；

…………

（十一）公司章程规定的其他职权。

持股50%以上但低于三分之二的控股股东不能一票决定的事项，主要是那些需要三分之二以上表决权通过的事项。因此，持股50%以上但低于三分之二又称为相对控股，这是与持股三分之二以上的绝对控股相对应的：当有限责任公司遇到包括股权激励、股权融资或增资、修改公司章程等重大事项需要股东会三分之二以上表决权通过时，相对控股股东需要团结其他股东、达到三分之二以上表决权才行，即相对控股可以控制董事会和管理层，但没有控制股东会，未通过股东会表决的重大决策将无法实施。

因此，当大股东仅实现相对控股时，意味着丧失对某些重大事项的一票决定权，从绝对控股到相对控股，虽然仍掌握公司实际控制权，但应引起重视甚至警惕，保持与其他股东良好的沟通，避免重大决策难以通过股东会表决。

50% 是“控股生命线”，大股东持股比例不超过此限意味着控制权风险大幅提升：如果不团结其他股东、不掌控足够的投票表决权，控制董事会的难度将增加，随时可能失去管理权，控制权的可靠性将大幅降低，对此应格外警惕。

三分之一以上

这是与持股比例三分之二以上的内容对立的：当公司遇到前述重大事项需要三分之二以上表决权通过时，持股三分之一以上的股东虽非控股股东，此时却具有一票否决权。

公司如果有持股三分之一以上的单一股东（或一致行动人），则意味着公司不存在绝对控股股东，在重大事项决策上可以构成制约。其优点是可以避免大股东做出损害小股东利益的重大决策，有利于公司治理的健康发展；缺陷是如果这些重大决策是对的，如此制约将影响公司的发展，甚至使公司陷入控制权纷争。

荃银高科的案例充分体现了这种制约。由于公司股权过于分散，第二大股东团结部分小股东，控制了三分之一以上比例的表决权，导致第一大股东提议的定向增发股权、收购事项等议案未通过股东大会表决。

虽然公司初创期股权架构良好，大股东绝对控股，但随着公司股权激励、股权融资的持续进行，大股东不再绝对控股甚至不再控股将是大概率事件，那么，保留一票否决权就显得至关重要。在公司融资过程中，无论公司对资金的需求多么强烈，对于有限责任公司的大股东及其一致行动人，三分之一以上可谓“持股生命线”，是保留话语权和存在感绝不可放弃的阵地。

百分之三十

30% 主要是《证券法》中针对上市公司收购的规定，非上市企业可忽略。具体如下：

第八十八条　……证券交易，投资者持有或者……共同持有一个上市公司已发行的股份达到百分之三十时，继续进行收购的，应当依法向该上市公司所有股东发出收购上市公司全部或者部分股份的要约。

上市公司是公众公司，因此要使小股东享有更多的知情权，不能一直默默地收购上市公司股份；同时，这也是对敌意收购的一种阻击。当收购比例达到 30% 时就要向其他所有股东发出收购要约，可以想象，这会使股价大幅上涨，收购成本激增。

十分之一以上

10% 是一个重要的股权比例。《公司法》赋予持股 10% 以上股东的主要权利包括：请求召开临时股东大会；董事会和监事会不履行职责时，自行召集并主持股东大会；必要时可请求解散公司。具体规定如下：

第一百条　股东大会应当每年召开一次年会。有下列情形之一的，应当在两个月内召开临时股东大会：……（三）单独或者合计持有公司百分之十以上股份的股东请求时……

第一百零一条　股东大会会议由董事会召集，董事长主持……董事会不能履行或者不履行……监事会……不召集和主持的，连续九十日以上单独或者合计持有公司百分之十以上股份的股东可以自行召集和主持。

第一百八十二条　公司经营管理发生严重困难，继续存续会使股东利益受到重大损失，通过其他途径不能解决的，持有公司全部股东表决权百分之十以上的股东，可以请求人民法院解散公司。

股份有限公司的持股或合计持股10%以上的股东有召集股东大会的权利，这一权利在公司控制权争夺中经常会被行使。

现代企业制度本质上是资本多数决定制，小股东天然处于弱势地位，《公司法》中与小股东相关的几个比例，对于保护小股东的利益具有重要的作用和意义。

反过来看，单独或合计持股10%以上的股东可以提请法院发起解散公司这一点应引起大股东重视。这是《公司法》对小股东利益的保护，同时也给公司的经营增加了很大的不确定性。公司处于高速发展中，盈利全部投入市场扩张、长期不分红就有可能导致小股东不满，他们站在自己的角度会认为投资迟迟不见回报、利益受损，如果此时他们提请解散公司，将会给公司的经营造成很大的干扰。

因此，实践中的内部股权激励，增发股权比例一般不超过总股本的 10%，防止激励对象“抱团”后对公司经营造成意外的干扰；同理，在对外股权融资时，也应尽量避免向一家投资机构增发超过 10% 的股权。如果竞争战略导致资金需求量大，应联系多家投资机构融资以分散其持股比例，避免单一机构的股权比例过高。

百分之五以上

这主要是《证券法》中针对上市公司收购的规定，非上市公司可忽略。具体如下：

第八十六条　……投资者持有或者……共同持有一个上市公司已发行的股份达到百分之五时，应当在该事实发生之日起三日内，向国务院证券监督管理机构、证券交易所作出书面报告，通知该上市公司，并予公告；在上述期限内，不得再行买卖该上市公司的股票。

投资者持有或者……共同持有一个上市公司已发行的股份达到百分之五后，其所持……股份比例每增加或者减少百分之五，应当依照前款规定进行报告和公告。在报告期限内和作出报告、公告后二日内，不得再行买卖该上市公司的股票。

对上市公司而言，持股 5% 及以上的股东被视为公司关联方，其持股变化情况应及时公告、披露。同理，这种公告的效果对其继续收购上市公司股票将形成阻击，因为公告后股价通常大幅上涨，继续增持的成本越来越高。

百分之三以上

《公司法》规定，股份有限公司单独或合计持股 3% 以上的股东，具有股东大会临时提案权。具体如下：

第一百零二条　……单独或者合计持有公司百分之三以上股份的股东，可以在股东大会召开十日前提出临时提案并书面提交董事会……临时提案的内容应当属于股东大会职权范围，并有明确议题和具体决议事项。

临时提案权提高了股份有限公司小股东参与公司经营和监督的权利，小股东可以通过临时提案表达对公司管理的意见和建议，包括提名董事人选等，这对保护小股东的利益有重要作用，尽管相关提案未必能够通过审议和表决。

百分之一以上

《公司法》规定，当董事、监事、高级管理人员违法或违反章程规定给公司造成损失、公司利益受到他人侵害时，持股 1% 以上的股东有权向法院提起诉讼。具体如下：

第一百四十九条　董事、监事、高级管理人员执行公司职务时违反法律、行政法规或者公司章程的规定，给公司造成损失的，应当承担赔偿责任。

第一百五十一条　董事、高级管理人员有本法第一百四十九条规定的情形的，有限责任公司的股东、股份有限公司连续一百八十日以上单独或者合计持有公司百分之一以上股份的股东，可以书面请求监事会或者不设监事会的有限责任公司的监事向人民法院提起诉讼；监事有本法第一百四十九条规定的情形的，前述股东可以书面请求董事会或者不设董事会的有限责任公司的执行董事向人民法院提起诉讼。

监事会、不设监事会的有限责任公司的监事，或者董事会、执行董事收到前款规定的股东书面请求后拒绝提起诉讼，或者自收到请求之日起三十日内未提起诉讼，或者情况紧急、不立即提起诉讼将会使公司利益受到难以弥补的损害的，前款规定的股东有权为了公司的利益以自己的名义直接向人民法院提起诉讼。

他人侵犯公司合法权益，给公司造成损失的，本条第一款规定的股东可以依照前两款的规定向人民法院提起诉讼。

《公司法》设置第一百五十一条的初衷是为了保护小股东的利益，防止小股东丧失话语权后完全被大股东裹挟。反过来从大股东的角度看，这一条存在被个别恶意小股东利用的可能：如何界定公司利益受损？站在小股东的角度，他可能会认为董事会的融资方案稀释了自己股份并给公司造成损失，如果他行使自己的诉讼权将会干扰公司的正常经营。

因此，公司在实施内部股权激励时，通常不建议单一激励对象的持股比例超过公司总股本的 1%，以限制其获得更多的权利。

对这几个重要的比例，尤其是与非上市公司有关的比例，必须给予足够的重视。在股权架构设计、股权激励和股权融资过程中，应充分考虑这些比例背后代表的权利及其对应的潜在风险点，确保股权架构的合理性和可控性。

03 典型的问题架构

公司创立初期，股东们更容易团结一致；当公司规模不断壮大、盈利能力越来越强、公司的股权价值越来越高时，在利益分配、公司发展方向等问题上，股东之间往往会产生分歧甚至矛盾，这时，如果股权架构存在问题，就可能爆发冲突。

投资机构在关注公司业务和团队竞争力的同时，也会关注股权架构。它们以投资为业，深知顶层设计欠妥是一切未来隐患的根源，加上投资过的企业数量多，必然遇到或熟悉因股权问题导致投资失败的案例，因此，不好的股权架构融资难。

规避存在严重隐患的问题架构，就可为设计合理的架构扫清障碍。那么，哪些类型的初创期股权架构存在隐患呢？

一股独大式架构

一股独大式架构是指公司大股东的持股比例远高于绝对控股比例、其他股东难有发言权的情况。

如图 3-1 所示，该公司股权架构为：大股东占 98%、合伙人占 2%，大股东完全掌握决策权和管理权，有利于充分发挥个人优势，使公司快速发展。但这种架构也往往导致一些负面的问题：

- 大股东一股独大，久而久之往往缺乏授权意识和人才意识，无法带出有竞争力的团队，导致公司缺乏强有力的中层管理力量。
- 股东之间不像合伙关系，大股东完全控制了公司，有可能利用职权侵害小股东的利益，例如，通过关联交易掠夺公司利润、人为控制公司盈利或会计数据、长期不分红等。
- 公司完全依赖大股东的个人决策能力等，大股东其他家族成员也有可能干预或影响公司运营，公司存在较大的经营风险。

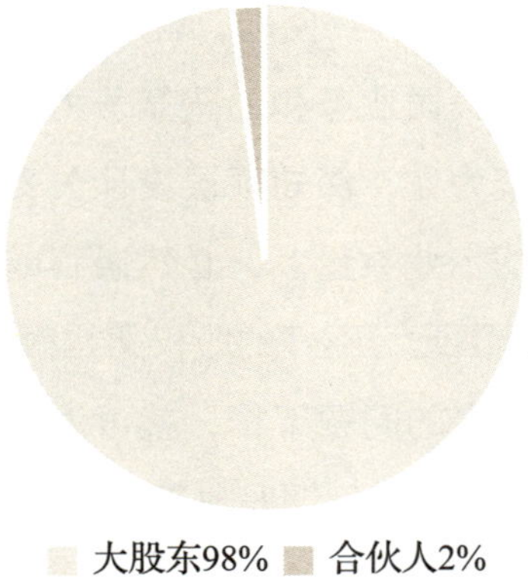

图 3-1　一股独大式架构示意图

这种架构对外融资可能存在较大困难。为什么？

在这种“一言堂”式的公司里，大股东完全控制了公司的所有权、决策权和管理权，其他股东难有发言权、对大股东难以产生牵制作用，投资进去缺乏必要的安全感。

另外，没有员工持股，意味着什么？当今社会的分工越来越细，一个人再能干也无法同时胜任多个关键岗位的工作，这很可能说明：要么老板放权不够、公司缺乏能够独当一面的核心骨干；要么老板格局不够，舍不得分利给核心团队、没有进行股权激励。

一个公司，如果缺乏有竞争力、凝聚力的技术、市场等团队成员，在投资人眼里，其执行力和持续发展能力有待考证。“我们投资项目，其实是投资团队……”面对这样一个缺乏有效团队的公司，投资人同样缺乏安全感。

因此，一股独大式架构有利于公司初期的发展，但因难以吸引外部投资人，无法借助资本力量更快地成长，其发展空间将受到制约。

破解这种架构最有效的方法就是在适当的时机，以较大比例的股份吸引合伙人加入或者激励公司高管和核心骨干员工，从而优化股权架构。

|案　例|

“一股独大”的飞科电器

2016 年 4 月，A 股历史上最“一股独大”的上市公司诞生：飞科电器。根据其招股说明书，飞科电器 IPO 前，大股东为飞科投资，占股 90%，二股东为李丐腾，占股 10%；而飞科投资中，李丐腾占股 98%、其父亲占股 2%，因此飞科电器被戏称为李丐腾的“一人独资公司”！

这种公司治理架构如何通过证监会的审核并成功上市不得而

知，但从另一个侧面理解：在IPO前，飞科电器一直没有吸引到外部机构投资！

飞科电器2017年年报公布的十大股东中，飞科投资占公司总股本80.99%，李丐腾个人占9%，可以说，李丐腾依然一股独大！

平均分配式架构

平均分配式架构是指公司股权由多个股东均分或股东持股比例接近、缺乏大股东的情况。

图3-2示意的是火锅连锁企业海底捞初创时的股权架构[5]，四人约定各出资8 000元创立了海底捞（张勇当时没有实际出资），这四人后来结成两对夫妻，相当于张勇夫妇、施永宏夫妇各占50%股份。

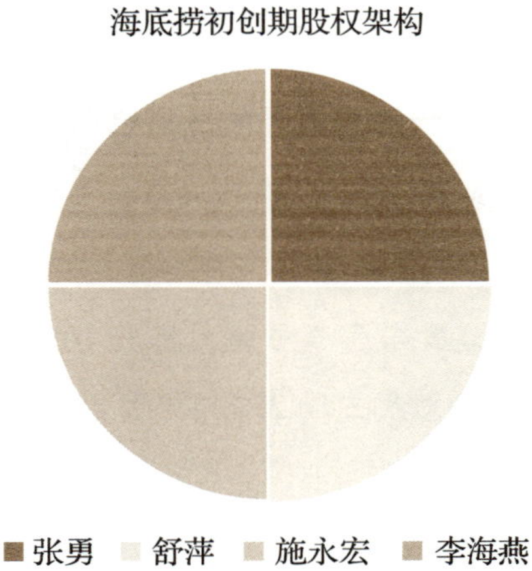

图3-2　平均分配式架构示意图

平均分配式架构是典型的问题架构，因为没有人控股、无人负责，遇到重大决策事项时，容易导致表决陷入僵局，公司甚至有瓦解的风险。

在融资扩张前夕，海底捞发生了张勇“掀桌夺权”事件，之后海底捞的股权架构发生了变化：张勇夫妇占68%，实现绝对控股；施永宏夫妇占32%。这样张勇就实现了对海底捞的绝对控制，为公司后续的融资、扩张甚至上市奠定了良好的基础（这里不点评“掀桌夺权”，仅对股权架构进行点评）。从这个角度来说，海底捞是幸运的，但是没有及时做出调整的其他平均分配式公司就没有这么幸运了。

2018年10月29日，清华总裁班34位股东各出资20万元（每人占比2.94%）成立的众筹餐厅破产了。[6]这是一个典型的平均分配式架构案例。且不论该餐厅在具体经营过程中的其他问题，单这种股权架构就已经决定了它的命运：由于缺乏控股股东，当遇到重大问题需要决策时，往往难以达成一致，低决策效率的结果就是错失市场机会，注定无法适应市场竞争的要求。

平均分配式架构最大的问题是无人负责易导致扯皮、决策难、争权夺利等，应避免采用这种架构。

在所有股权架构中，一股独大和平均分配股权是两个极端，均应该避免。如果非要二者选其一，相比之下，宁可选择一股独大也不能平均分配股权！一股独大式架构未来还可以通过股权激励和融资等进行调整，而平均分配式架构完全是不负责任的做法！

4×× 式架构

4×× 式架构泛指第一大股东持股比例低于 50%、公司没有控股股东的情形。

图 3-3 所示的是吴长江创建雷士照明时的股权架构。由于第一大股东持股比例低于 50%，公司没有控股股东，当其他股东团结一致时就可以实现控股，第一大股东反而存在丧失决策权和管理权的风险！因此，大股东采用这种架构，相当于为自己以及公司日后的健康发展埋下了一个极大的隐患！

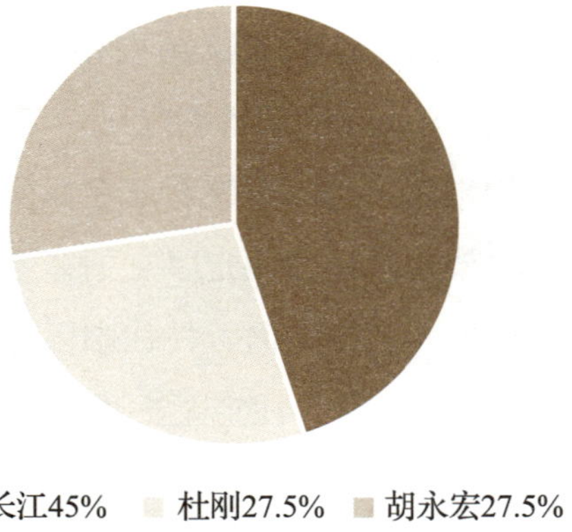

图 3-3　无控股权架构示意图

没有单一控股股东的初创公司，也有取得巨大成功的案例（例如腾讯，初创时最大股东马化腾占股 45%），但是“理想很丰满，现实很骨感”，在这种初创期架构下，更多的公司倒在黎明前的控制权纷争中。因此，公司初创期应尽可能避免缺乏控股股东的情形，以保证决策效率，避免陷于纷争、大股东被小股东踢出局——这与大股东创立公司的初衷相悖。

在一种特例下可以考虑 4×× 式架构，即创立时合伙人数量很多。当合伙人数量很多时，平均所持股份比例过低会影响参与的积极性，并且对大股东的独断专行缺乏牵制，此时可以考虑采用有条件的 4×× 式架构。只有当其他绝大多数甚至全部合伙人团结一致时才可以超过大股东、形成控股力量，同时大股东的持股比例要超过 34% 并与二股东的持股比例拉开梯度，防止二股东争夺控制权的情况发生。

常见的 51/49 式架构

图 3-4 所示的大股东持股 51% 的情形在现实中经常见到，但这种架构并不理想。

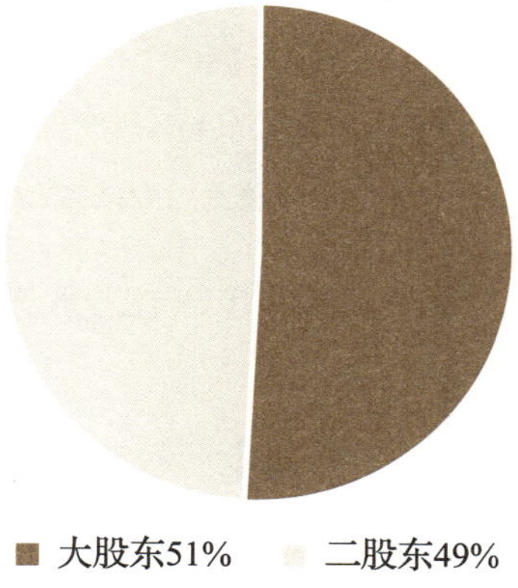

图 3-4　51/49 式架构

尽管大股东相对控股，但没有实现绝对控股，那么公司在遭遇修改公司章程、变更注册资本、分立、解散等重大事项时，如果两个股东的意见出现分歧、无法达成一致，大股东就无法左右相关决策，公司决策有陷入停滞的风险。

51% 控股对公司的日常决策和管理确实有决定权。但是，一旦公司未来进行股权激励或融资增加了新股东，大股东的持股比例被稀释到低于 50%，公司的股权架构就会变成 4×× 式架构！即使新股东仅占 5% 股份，也会导致股权架构发生本质的改变。假设三人的股份比例分别为 49%，46%，5%，如图 3-5 所示。

图 3-5　51/49 式架构融资后变成 4×× 式架构

如图 3-5 所示，公司不再有单一控股股东，这就至少带来三个隐患：

一是当公司遇到需要半数以上股权表决通过的事项时，占比 5% 的最小股东反而会成为焦点，他将决定该事项能否表决通过，即小股东实质上左右公司的决策权！对大股东来说，这种局面是很危险的。

二是公司的股权架构变成 4×× 式架构，两个小股东团结一致、股份比例合计超过 50%，就会形成控股，大股东的决策权和管理权存在被剥夺的风险。

三是大股东与二股东之间的持股比例接近，极容易出现争夺控制权的现象，大股东出局的概率大幅提高。

51/49 式架构很容易在未来发展过程中演变成 4×× 式架构，大股东丧失控制权的概率很高，因此，对初创期企业来说，应避免采用这种架构。

股权比例与个人贡献不匹配的架构

现代企业对人才的依赖越来越严重。当一个股东的贡献占据相当大比重却只持有公司少量股份时，必然产生严重的不平衡心理，这是非常正常的。海底捞的张勇之所以“掀桌夺权”，大概也与此有关——火锅店主要靠他打理，可是他却只有 25% 的股份！

类似的案例还有初创期的罗辑思维，当时申音负责营销管理，股份占比 82.35%；罗振宇负责内容，股份占比 17.65%。[7] 立足内容经济的罗辑思维，罗振宇主导内容，却只拥有较少股权，随着公司的发展，两人最终分道扬镳。

实践中还存在这样的情况：几个股东按照实际出资额拥有相应的股份，但有的股东不参与公司经营，参与经营的股东只象征性地领取较低的薪水。这种情况下，如果按照股份比例分红，就对参与经营的股东不公平，久而久之必然产生矛盾。

综合上述案例，公司初创期以及对外融资前的股权架构，应尽可能避免以下问题架构：

- 大股东股权比例过大，容易导致“一言堂”。
- 股权过于平均，易导致无人负责、难决策，公司存在失控风险。
- 大股东股权比例过低（低于 50%），当小股东团结一致时，大股东可能失去控制权。
- 大股东与二股东股权比例接近，两者之间的梯度小，容易引发控制权纷争，大股东可能失去控制权。

公司创立时如果股权架构存在隐患，在对外融资或高速发展之前，应择机调整股权架构，为公司未来健康发展清除隐患。

04 设计理想的股权架构

现代企业制度下，公司的所有权、决策权和管理权理论上可以分离，但国内大多数民营企业的三权相对统一，即大股东同时兼任董事长和总经理。因此，股权架构设计的出发点是保护大股东的利益，强化大股东的控制权，避免重演公司做大了、大股东却无奈离开的悲剧。

也许大股东会想："公司没做大，我持有100%股份意义也不大；公司做大了，即使持有很少的股份套现也比现在好多了……"应该尽量避免这种想法，因为一切都是动态变化的。随着公司规模的发展和壮大，公司的发展战略、股东的心态甚至人生规划等都会有很大的改变，由于预期和欲望发生了变化，意外的结果往往难以被接受，易导致悲剧。另外，公司做大了，如果创始人失去控制权、被边缘化，其在公司的命运就具有很大的不确定性，掌握控制权的人可以再造新公司、将原公司业务平移甚至掏空，使其价值归零。因此，至少在股权价值套现之前，应重视公司控制权、重视股权架构的设计和变化。

股权架构设计的另一个重要作用是：为股权融资奠定良好

的基础。对外融资过程中，与股权架构相关的因素如合伙人质量、持股比例等日益受到投资人的重视。前面总结的问题架构不利于公司长期健康发展，不利于实现对外融资，设计中应尽可能避开。

总体来说，设计股权架构应参考两个指导原则。

首要原则是避免用架构测试人性，应该通过架构设计避免隐患。

在利益面前，人性往往经不起考验。人的欲望会随着公司的发展而膨胀，这是非常正常的。在欲望和利益的驱使和诱惑下，依靠道德和情义等约束人性无疑是圣贤之举，很难寄望常人做到。我们能做到的，是通过合理的架构约束和规范潜在的欲望和利益，使之可控。

其次是公平原则，即股东、合伙人，在股权架构设计和讨论过程中能够感受到公平。

公平具有强大的力量，只要公平，大家就可以不再为了利益等而争斗；如果不公平，有人即使不为了利益，也会为了争一口气而争斗不休。不过，我们也应该明白，在商业世界里，绝对的公平并不存在，公平只是相对而言的，其体现就是博弈均衡后的架构。

初创期股权架构设计原则

初创期公司要充分发挥“小、快、灵”的优势，快速打开市场，很大程度上要依赖大股东的个人资源或技术等优势。因此，在这个阶段，大股东的绝对控制力非常重要，虽然“一言堂”不利于公司的长期发展，但在初创期，大部分日常经营事项由大股东决定、免受掣肘将会极大地提高公司决策和运营效率。

在初创期，公司理想的股权架构设计原则是，“在公平的基础上，实行一个中心原则”，即在其他股东认可和接受的前提下，大股东占三分之二以上股权，实现绝对控股。

这样，在公司遇有重大事项决策时，大股东拥有一票决定权，而不会被其他股东左右。

小米创立时，雷军持股占比 77.8%，似乎偏高，这主要因为小米初期的运营、未来的融资和发展等都高度依赖他的个人能力和影响力（事实上，在小米以后的股权激励和股权融资过程中，雷军个人还多次跟投！可见创立时他实际上跟合伙人分享了不少利益）。正是因为雷军初创期绝对控股，完全掌控了小米的发展，其他投资人如刘芹等才大胆地投资小米，为其带来源源不断的资本支持，解决了小米发展过程中的巨额资金需求。

理论上，初创期公司的大股东持股 67% ～ 75% 是比较理想的，受小米成功案例的影响，大股东持股比例上限或可放宽到 80%，但不宜再高，否则有一股独大的嫌疑，并且容易打击其他合伙人的积极性。

或许有人会问：“一个中心原则”固然很好，可是其他合伙人如果不同意怎么办？当公司合伙人数量较多、情况较复杂时，合伙人股权分配最好遵循哪些原则？

（1）首选大股东绝对控股模式。其目的是确保公司的决策效率，避免公司初期就陷于扯皮和股权纷争。

当合伙人数量不多时，尽可能采取大股东持股三分之二以上、绝对控制的架构。大股东一般投入最多，并在公司所需的资源等方面占据优势，因此在公司创立初期，大股东拥有绝对的控制权，有利于提高运营效率。

（2）合伙人数量众多时，大股东持股比例可适当降低。如果合伙人数量较多、大股东保持绝对控股，则其他人分到的股份比例将很少，会影响其参与积极性甚至难以达成合作。这种状况下，首选大股东持股超过 50% 的相对控股架构，即大股东掌控公司日常的决策权和管理权，其他所有合伙人联合起来也不能实现控股，最多只能在股东会重大事项表决上制衡大股东。

|案　例|

投资人掘金电信增值服务业

2005 年，国内电信（短信、WAP）增值服务行业高速发展，包先生携技术、产品和市场骨干从公司辞职创业，但开展跨地区电信增值服务的公司需要实缴 1 000 万元注册资本，包先生等人缺乏资本，只能找投资人合伙，资金全部由投资人出。投资人金总开始时坚持占 70% 股份、绝对控股；包先生等人则坚持希望占比更高，否则近乎打工、参与意愿不足。多次谈判后，最终双方达成一致：金总出资 1 000 万元占 60% 股份、包先生等 4 个合伙人占 40% 股份，注册成立一家新公司；公司由包先生负责运营，但资金实行预算管理，由金总的财务人员掌控。两年后公司被溢价收购，大股东金总成为最大的受益者。

这个案例中，如果金总在股权架构中占比较低、没有控股权，则公司容易失控且相当于为包先生等做了嫁衣；反过来，如果金总占比过高、包先生等个人股份太少，则会影响合伙的积极性，难以合作成功，那么金总就有可能错过一个投资机会。由此可以看出，金总是富有经验的投资人，案例的结局可谓皆大欢喜。

如果大股东控股难以平衡其他合伙人，需要继续让步、降低持股比例到控股线（50%）以下，此时股权架构的设计原则是：

- 大股东是单一最大的股东且与二股东持股比例存在明显梯度。
- 大股东持股比例在三分之一以上（保留重大事项一票否决权）。
- 其他所有合伙人的股份加总后才能超过大股东。

以上三个原则最好同时满足，这样才能尽可能维护大股东的利益，避免出现下列情形：二股东与大股东争夺控制权（类似荃银高科的情形），大股东完全失去话语权（股东会失控、董事会失控、总经理位置难保），既防止部分股东形成利益集团争夺控制权，又防止大股东独断专行做出错误决策。

尽管如此，在这种架构下，大股东仍难以实现对公司的有效控制。为避免意外，最好在公司章程中另行约定，例如部分合伙人让渡投票权、与大股东保持一致的行动关系等。

总之，当创立时的股权架构不够健康时，应使大股东掌控的表决权达到三分之二以上。这样一来，大股东虽然在持股比例上做了让步，但是实现了绝对控制；其他合伙人的分红权、股权增值权等利益得到保障，只是在投票表决权上做了让步，大股东和合伙人各让一步，取得均衡。

（3）不一定按照出资比例分配股权。初创阶段，股东的出资作为公司的启动资金无疑占据很重要的地位，但是公司要想为股东持续创造价值，主要还是依靠创始人等的运营。

不完全按出资比例分配股权主要基于公平的考虑：公司创立后，有些合伙人不在公司全职运营，如果也未贡献相关资源、技术等，那么这种出资只是财务投资。如果大家按出资比例分配股权，对其他合伙人不够公平。

这种情况下，应该清晰定义合伙人的角色：全职参与运营公司或者虽未参与运营但贡献了重要的资源（如大客户关系等）者，作为创始人或联合创始人，其他为财务投资人。

这样，股权比例分配原则是：创始人和联合创始人出同样的资金占更高比例的股份，甚至不出资金以无形资产作价入股；财务投资人出同样的资金占更少的股份。

基于公平原则，建议谨慎选择合伙人，尽量选择有资源（包括社会关系、产品技术等）、有利于公司发展者作为联合创始人，而不仅仅是财务投资人。如果确实需要启动资金，应按照股权控制原则限制财务投资人的持股比例。公司在渡过初创期后，若财务投资人“什么也不做”却每年分走很多利润，大股东常常会耿耿于怀。如果从感恩的角度，应感谢财务投资人在公司初创、前途不明朗时的坚定支持；如果从功利的角度，应该尽量减少财务投资人及其持股比例，免得未来因此而发生矛盾影响公司长远发展。

（4）尽量避免送红股。有的公司创立时，相当程度上依赖某技术、产品或市场模式，但技术或市场合伙人又不愿或无力出资，希望大股东送红股，即零出资但以技术或市场资源占一定比例股份。这种情况在实践中常见，早期不少创业项目在寻找到投资人后，往往也以这种形式合作。

在合伙创业越来越普遍的今天，零出资意味着不承担未来可能的风险，还要占一定比例的股份、分享公司未来发展的收益，从投资原理上看并不鼓励；反过来说，如果技术等的实际价值高但给的红股价值偏低，这种模式对技术等人员也不公允。因此，无论从哪一方评价，这种模式都不理想。

《公司法》明确规定，技术成果等知识产权可以作价入股：

第二十七条　股东可以用货币出资，也可以用实物、知识产权、土地使用权等可以用货币估价并可以依法转让的非货币财产作价出资……

对作为出资的非货币财产应当评估作价，核实财产，不得高估或者低估作价……

如果技术等合伙人不可或缺，可以评估其掌握的相关技术或资源，以第三方评估机构的评估价格作为出资依据，占公司相应比例的股份，这样对双方都是公平的。因为在沟通红股数量和比例的过程中，事实上涉及双方对红股价值的认定。如果技术或市场资源等有价值，为何不评估一下、堂堂正正地作为出资入股？对于产品技术，如果因商业机密等原因不便找评估机构，也可以自行估价。如果是成熟、能够马上投入商用的技术，可以其研发成本作为最低估价；如果欠成熟、需要继续投入资金研发，则其估价应约定为预估的总研发成本－研发实际投入。

实践中也有这样的操作方法：技术人员入伙后少拿薪资，以一定年限内实际薪资与市场“价”的差额累计作为出资占比相应的股份，这是典型的将人力视为资本的模式，并且是按照最低的人力成本估价，没有溢价，只要技术人员接受，是可行的。

对潜在的市场资源持有者，不建议送红股，因为市场的不确定性更高，可以承诺达到预期后送相应比例的分红权而不是红股，经历一段时间的磨合后再议定入伙方案或通过股权激励等方式出资入股。

最后，要充分考虑公司未来的股权控制问题。送出红股比例过高，后期实施股权激励和股权融资时，大股东的持股比例会很快低于 50%，失去控股权；另外，早期合伙人的重要程度会随着公司的发展而降低。无论技术还是市场，都在越来越快的迭代和竞争中变化，公司进入市场后将不断升级产品和市场模式，在发展中也会需要更高级的人才。如果初期送出的红股过多，会影响后期的股权和人才引进战略。这些因素都应该系统地考虑。

（5）合伙人退出时的股权处置原则。公司在发展过程中，合伙人退出是无奈但经常发生的事。

当合伙人退出公司后，如果其股份没有被有效处置、仍留在公司，这部分股权由于不可控，遇到股权激励、股权融资等需要股东会表决的重大事项时，有可能造成掣肘；恶意的情况下，对方甚至可行使代为诉讼权等给公司带来更大的麻烦。因此，意外退出机制必须在股东投资协议或公司章程中明确约定。

合伙人退出情形主要包括因过错退出、主动离职退出、意外死亡退出和离婚导致财产分割。

● 因过错退出是指合伙人在公司运营过程中违反法律或公司规章制度等给公司造成损失导致被辞退或开除等情形。

为什么选择合伙人很重要？如果公司的合伙人出现上述重大过错，至少说明合伙人选择过程没有把好关。那么，为防止这种情形给公司造成被动，可以在股东协议或公司章程中约定："如果合伙人在公司工作期间，因个人重大过错（包括但不限于违反国家法律、法规、公司规章、制度、股东协议等）给公司造成损失被公司辞退或开除的，其所持公司股份应无条件转让给其他股东。"

● 主动离职退出指在公司运营过程中，有合伙人可能会因为意见不合、未达到预期等诸多原因中途离职，这种情形同样要提前约定。

通常情况下，其已获得的正式股权可以原价或适当溢价转让给现有股东；其尚未来得及行权的期权等应予以取消。

总之，无论合伙人因过错还是主动离职退出，都应该提前约定，确保其离开公司后不带走公司股份，为公司以后的正常运作奠定良好的基础。

|案　例|

人走股权在导致上市计划失败

彩票行业某公司成立时由投资人全额出资、技术合伙人占股20%，公司借助彩票行业高速发展的契机，很快在国内彩票市场占据较高份额。后来两个创始股东产生分歧，技术合伙人离开，但仍保留股权。

数年后，该公司市场份额和盈利能力持续增长，赢得美林证券等国际投行和投资机构的关注和投资，计划在中国香港IPO。上市工作启动前，投资人希望收购原技术合伙人持有的股份，但双方在股份转让价格等问题上难以达成协议、不了了之。公司启动上市辅导流程后，原技术合伙人不惜发起一系列诉讼，导致公司上市计划失败，投资人最终将公司股权出让给国内某上市公司，股权转让收益与独立上市收益根本不可同日而语。

这个案例充分说明了人走股权在的不确定性将给企业带来潜在风险。人类的情感和行为是很复杂的，在掺杂了利益和恩怨之后更加难测。因此，在架构设计和股权管理过程中，我们应充分考虑到这些因素，并尽可能降低和消除其潜在的影响。

- 意外死亡退出。意外死亡是很遗憾的事情，但如果没有提前约定导致公司股权出现隐患则更加令人遗憾。

《公司法》规定得很明确，如果在公司章程中对股东意外身亡后的股权处理做了规定，可以不触发股权继承问题。

第七十五条　自然人股东死亡后，其合法继承人可以继承股东资格；但是，公司章程另有规定的除外。

例如，可以在公司章程中约定：当非控股股东意外死亡时，其股权由其他股东以不低于现值的价格回购。

这样做既肯定意外死亡股东为公司做出的贡献，又保障其继承人可以继承其财产权，但无缘公司股权。股权的现值可以参考最新一期财务报告中的股东权益计算。这样，确保公司合伙人团队不至于出现无关的人。

为什么建议是非控股股东呢？主要是为了保护控股股东的利益。控股股东是公司的顶梁柱和实际控制者，对其利益如果不加以保护，公司很可能在意外发生时四分五裂或陷于控制权纷争；如果其控制权得以继承，则可以在继承人领导下决定公司下一步的发展方向。

|案　例|

聚飞光电控股股东的股权继承

2018年5月25日晚，聚飞光电发布公告："公司今日收到控股股东、实际控制人、董事长邢其彬家属的通知，邢其彬于5月25日上午因病医治无效不幸逝世，享年53岁……"邢其彬突发心脏病意外身故时持有聚飞光电 2.87 亿股，占公司股份总额的 22.92%；2018 年 7 月 4 日晚，聚飞光电发布公告："收到原控股股东、董事长邢其彬的继承人李晓丹和邢美正出具的《详式权益变动报告书》。因继承公司原控股股东邢其彬的股权并签署《一致行动协议》，本次权益变动后，李晓丹和邢美正共同持有聚飞光电 22.92% 的股份，成为公司的共同实际控制人。"

这样，聚飞光电大股东邢其彬突发心脏病意外身故后，其妻儿通过继承和签署《一致行动协议》，成为公司的实际控制人。但是他们对于行业的理解、对行业资源的掌握等无法与意外身故的原大股东相比，为公司的发展增加了较大的不确定性。

- 离婚导致财产分割。随着社会的发展，离婚率越来越高已成为不争的事实。离婚引发的财产分割权是法律赋予公民的权利，不能利用公司章程的规定剥夺。

对于非上市公司，理想的情况是：离婚合伙人的配偶将其分割的股权转让给现有股东。实践中却常常遇到漫天要价或执意不转让等情况，导致合伙人原配偶成为公司股东。这种情况将改变公司的股权架构并有可能影响未来的控制权。

为尽可能减少隐患，非上市公司可在投资协议或公司章程中约定，合伙人离婚前，应先与其他股东签署让渡所持股份投票权的协议。这样，离婚后原配偶分割到的只是财产权，并无表决权。阐明这种关系，往往有利于其转让分割股权；即使仍不转让，也不影响公司的控制权。反之，如果对各种退出情形没有事先约定或者对合伙人离开事件处置不当，就很可能为公司埋下一个巨大的隐患。

如果控股股东或与上市公司有关的股东离婚，由于一致行动关系解除，加上配偶将分走较大比例的股份，会影响公司经营过程中的重大决策，给公司带来严重的负面影响！

|案 例|

蓝森环保控股股东离婚案导致上市公司收购搁浅

2015 年 6 月 26 日，上市公司三特索道发布公告："……董事会……审议通过……议案……拟以发行股份及支付现金的方式购买……蓝森环保……持有的苏州枫彩生态……44.879 0% 的股权……蓝森环保经董事会审议，同意三特索道……购买其持有的枫彩生态股权。"

2016 年 3 月 29 日，三特索道发布公告："公司……于 3 月 23 日收到青岛市崂山区人民法院送达的民事起诉状……诉讼材料……蓝森环保……的控股股东、实际控制人王群力先生之妻陈林女士对蓝森环保提起诉讼，其要求判此次重组涉及的股权转让无效。"

蓝森环保是三特索道本次收购标的枫彩生态的大股东，是收购交易的主要卖主，实际控制人王群力与其妻陈林的意外离婚，导致三特索道的收购交易暂时搁浅。

此外，A 股多家上市公司曾因实际控制人离婚导致股权分割[8]，巨额分手费一度让稳步上涨的公司股价陷入震荡甚至大幅下跌，究其原因，主要是股权分割后引发的股票减持风险以及对公司正常经营的担忧。

|案　例|

昆仑万维的股权分割

2016 年 9 月 12 日，昆仑万维因实际控制人周亚辉与妻子李琼离婚引发股权分割，发布详式权益变动报告书，周亚辉与李琼达成财产分割约定，周亚辉将其直接持有的昆仑万维的 207 391 145 股以及间接持有的昆仑万维 200 408 085 股股份分割过户至李琼名下。过户完成后，加上原来所持股份，李琼合计持有股份占昆仑万维股份总额的 26.436 1%……这次股权分割，按照当时的股价估算，市值高达 70.3 亿元。

2016 年 1 月，三维丝发布公告称，公司股东兼董事刘明辉与前妻就离婚事宜达成财产分割约定，刘明辉已转让 480 万股给其前妻并完成过户。此次转让完成后，刘明辉持有的三维丝股份比重从 4.25% 下降到 2.79%，其前妻则凭借 1.46% 的持股比例，一跃成为上市公司第五大股东。按照当时的股价估算，此次转让的股权市值达 4 亿元……

股东离婚对公司的影响是不确定的，最好提前约定股份处理方式等，将离婚影响降到最低。

总之，初创期的股权设计、分配和处置原则，应尽可能坚持一个中心的绝对控股或绝对控制（表决权）模式，为公司的健康稳定发展奠定基础。

成长期股权架构设计原则

公司渡过早期的艰苦创业阶段进入成长期后，产品、技术和市场具备了一定的基础，团队也逐渐成长起来，大股东可以逐渐释放部分权力，将管理中琐碎、可以流程化控制的事务授权给下属，自己更多地考虑公司下一步的竞争和发展战略，整合相应的资源和社会关系，推动公司进入高速发展轨道。在这个阶段，公司往往需要对核心骨干或重要的上下游合作伙伴等进行股权激励，甚至需要对外进行股权融资。股权激励尤其是对外股权融资的启动，在某种意义上意味着控制权的逐渐转让。因此，大股东在此过程中更应该重视股权架构的演变和控制，必要时应进行调整。

成长期股权架构的总体设计原则是一个中心、两个基本点。

一个中心：以控股股东为中心。理想的情况下，公司在完成内部股权激励后（实施对外股权融资前），大股东仍处于控股地位（持股 51% 及以上）；如果类似阿里巴巴等联合创始人数量较多的情形，则应保证大股东处于表决权控股地位，即大股东通过受让其他股东的投票表决权、一致行动协议等掌控 51% 以上表决权。

两个基本点：大股东与二股东股份比例存在相当的梯度，其他所有股东联合起来可以对大股东有所制衡。

大股东、二股东持股比例存在梯度，可避免出现二股东争夺控制权的情形；其他所有股东联合起来对大股东有所制衡，可避免出现大股东独断专行的情形，有利于实现对外融资。因此，成长期一个中心、两个基本点的股权架构设计原则体现了所有权控制与制衡之间的辩证关系。

|案　例|

黄宏生一意孤行导致入狱

黄宏生于 1989 年创立创维数码。

2000 年，创维数码在中国香港主板上市；2001 年，创维彩电年销售额突破 70 亿元大关，进入中国彩电业前三名。

2004 年 11 月，黄宏生在中国香港廉政公署“虎山行”行动中被拘捕，2006 年 7 月被裁定串谋盗窃及诈骗上市公司资产等 4 项罪名成立，被判 6 年监禁。

黄宏生在创维数码一股独大，家族持股比例达 77.45%，怎么可能盗窃和诈骗上市公司资产？这到底是怎么回事？

原来，黄宏生曾挪用了公司一笔 4 800 余万港元的资金，投入其海南的地产项目中。使用这笔资金前，创维数码董事会曾进行了讨论，并有董事提出反对意见，但黄宏生仍做出挪用决定：“赚了钱与创维数码分享，赔了钱由个人承担损失……”

如果黄宏生在创维数码的持股比例低一些，在表决过程中，挪用资金的事件将有可能被阻止，他也不会经历牢狱之灾。

公司进入成长期后，发展速度明显加快，对资金的渴求和对财富的渴望都容易导致铤而走险式决策的产生。如果战略上冒进或重大决策出现失误将给公司带来灾难性的后果。因此，既保证大股东的控股地位，同时又使其他股东团结起来后具有制衡作用可以避免独断专行的致命错误。

下面我们以一个公司从创立到上市为例，演示在理想的股权架构下，大股东持股比例的变化过程。

假设大股东创立公司时所占股份比例为 67%，公司步入成长期后增资扩股 10% 进行内部员工股权激励，则大股东的股权比例降至 60.91%（=67% ÷ 1.1）。

其股权架构比较有利于股权融资：

- 投资机构看重的大股东在公司拥有控股权。
- 核心团队成员拥有股份，有利于团队稳定。
- 投资机构进入后，虽然是小股东，但拥有话语权，且理论上存在团结三分之一以上股份的可能，从而可在重大事项上对大股东形成牵制，保护自己的投资利益。

高速发展期股权架构设计原则

进入高速发展期后，公司市场影响力不断扩大，一方面公司的资金需求可能水涨船高，另一方面可能有外部投资机构看好公司的发展并愿意投资入股。

在这个阶段，大股东要抑制自己对资本的“饥渴”，控制股权比例的稀释速度。高速发展期股权架构设计的重要指导原则是：公司未来 IPO 成功后，大股东仍保有一票否决权，即未来公司通过 IPO 增发 25% 股份上市后，大股东仍至少持有三分之一以上的股权，从而在遭遇最坏情况（其他所有股东形成一致意见）时保留重大事项的一票否决权。同理，对于初创时合伙人较多的情形，应确保大股东控制的表决权比例超过三分之一。

按照这一原则倒推计算，在 IPO 增发新股前，大股东理想的持股（或掌控的表决权）比例下限为：33.4%×1.25=41.75%。

我们继续推算前面示例理想架构企业中大股东的股份变化。

假设公司步入高速发展期后进行总计 40% 的增资扩股，分为 A、B 两轮（分别增发 10% 和 30%）进行，则首轮内部股权激励加 A、B 两轮外部股权融资完成后，大股东持股比例降至 42.59%（=60.91%÷1.1÷1.3），高于 41.75%，这意味着公司未来 IPO 增发 25% 股份上市后，大股东仍拥有一票否决权。

应引起重视的是，在保证大股东未来上市成功仍拥有一票否决权的同时，还应避免其他股东的股权过于集中，使其趋于分散，与大股东持股比例形成显著的梯度，避免争夺控制权的情形发生。

成熟稳定期股权架构设计原则

公司经过高速发展期的扩张后，进入资本市场 IPO 是水到渠成之举。

上市是多数大股东的梦想，是公司发展过程中的里程碑式事件，为公司的扩张和发展提供了融资平台和估值体系，在这个阶段大股东若因控制权问题出局无疑是一场悲剧，也与其创建公司时实现利益最大化的初衷相悖。

成熟稳定期股权架构的指导原则是：保持大股东地位，保留一票否决权。

假设上述示例企业 IPO 增发 25% 股份，则公司上市后，大股东持股比例为：42.59% ÷ 1.25=34.08%

大股东持股比例仍超过三分之一！作为公司第一大股东，其他股东在 IPO 后股份被进一步稀释，大股东仍然是核心！他仍将拥有一票否决权，从而对其他所有股东形成有效的牵制，多数情况下仍将是公司的实际控制人。

这个假设的理想架构示例表明，公司初创时大股东占三分之二以上比例的股份非常重要！

公司初创时，大股东作为一个中心，以 67% 的股份绝对控股。

成长期实施股权激励增发 10% 股份后，大股东保持相对控股，其他单一股东持股比例与其差距大且联合起来后具有一票否决权，体现了一个中心、两个基本点的控制与制衡关系。

进入高速发展期，A 轮股权融资增发 10% 股份、B 轮融资增发 30% 股份，甚至 IPO 增发 25% 股份上市后，大股东仍持有公司 34.08% 的股份，拥有公司重大事项一票否决权的同时，仍然实际掌控公司，以实现价值最大化。

这个对大股东而言理想的股权架构仅供参考。实践中，大股东常常引入更复杂的股权架构，以更低的成本控制公司。架构控制的相关内容将在“掌握控制权”部分展开。

总体而言，设计公司股权架构时应避免用架构来测试人性。公司的发展不能寄希望于股东不变心。大家为了共同的商业目标走到一起，未来也会因为商业目标的分化而分手甚至大打出手。与其如此，不如从一开始就规划好架构，在“头羊”的领导下携手前行；有因“道不同”而中途离开的，则出让其所持股份，保证公司股东的纯粹性和确定性，为公司的健康发展清除隐患，并确保始终可控。

在此原则指导下，站在大股东的角度，股权架构设计的宗旨是在确保股东利益最大化的基础上，避免出现争夺控制权的情形，其核心指导思想可以简单概括为：“我多、他们少，我少、他们散！”即大股东股份比例占比较多时，其他股东占比较少；大股东股份比例被稀释后，其他股东的比例更少、股权趋于分散。这样，大股东就能够较好地巩固自己的控制权。

关于公司控制的内容将在下一篇中展开。

第二篇

掌握控制权

股权既代表着股东身份，又代表着诸多权利。作为公司的股东，主要有哪些权利呢?

第一，所有权。即享有公司财产及其收益权，包括年度分红权、转让收益权、(股权)继承权以及公司解散清算或注销时剩余财产的分配权等。

第二，知情权。作为公司的股东，有权了解公司的财务和运营数据，包括查阅和复印公司章程，股东会、股东大会、董事会及监事会会议记录，财务报表等。

第三，参与重大事项决策权。包括参加股东会会议、选举董事、投票表决修改公司章程、变更注册资本等，必要时还可以召集股东会、股东大会等。

第四，公司管理权。尽管并非所有的股东都能直接参与公司的管理，但却可以通过选举权和表决权影响董事会和提案的结果、提交议案等发挥管理作用。

第五，优先购买权。当股东转让自己的股权时，同等条件下，其他股东较“外人”享有优先购买权。

第六，监督权。即使是小股东，也享有“请求解散”和“代为诉讼”等权利。

因此，股权作为持有公司的权利证明，具有不可忽视的作用，对创始大股东而言更是如此。在运用股权工具进行激励或融资的过程中，大股东应重视和加强公司控制权，避免公司做大了却失控、难以实现价值最大化的目标。

在现代企业制度下，公司控制权主要包括三个层面的控制：

一是控制所有权，即通过控制股权和投票表决权比例来控制股东会、股东大会，进而赢得董事会、监事会等决策和监督机构多数席位。

二是控制决策权，即控制公司的董事会，从而决定总经理等各职能部门人选和薪酬等，掌握公司的实际控制权。

三是控制管理权，即作为公司高级管理人员，掌握公司的日常经营管理权。

这三个层面的控制中，所有权控制是自上而下、水到渠成的：所有权决定决策权，决策权决定管理权。因此，控制公司的上策是控制所有权，中策是控制决策权，下策是仅拥有管理权。应当注意的是，缺乏所有权支撑的决策权和管理权是不稳固的。因此，控制权的核心是控制所有权……

05 控制是利益需要，是技术更是艺术

从资本的角度看，营利性公司是一个利益体，其创立本身就是为了追逐更大的利益。大股东如果不重视股权控制，公司做大后自己会被边缘化，这不符合创立公司时利益最大化的初衷。重视和加强股权控制正是为了实现初衷，防止种种不利情况的出现。

逐利是资本的本性、是资本家的本性。“天下熙熙，皆为利来；天下攘攘，皆为利往”。从资本的逐利性、市场经济体系中理性人的本质出发，股东（内部）或投资机构（外部）为了利益争夺公司股权和控制权是正常的，因为实现利益的核心就是股权和控制权。为了保护自己的核心利益，大股东必须重视股权控制。

公司创立初期对大股东的依赖以及从零开始一点点成长起来的艰辛，大股东体会得最深刻，大股东也有责任和义务率领公司以及其他的股东共同成长和发展，使公司的价值持续增长。在这个过程中，“狮王”的作用不言而喻，也是其他股东利益最大化的重要保证。如果不重视股权控制导致“狮王”变更，变更过程

将给公司带来伤害并损害股东的利益。

此外，公司本身就是一个复杂的、包含多个子系统（资金管理、人力资源管理、项目管理、市场管理等）的管理体系。在一个复杂的系统中，必须有与之配套、保障其健康运营的规范和流程，并有人负责统筹协调。一个没有控制、缺乏有效管理的复杂系统，最后的结局只能是走向混沌：或者崩溃，或者被别人接管。这同样与股东创立公司的初衷相悖，不符合利益最大化的共同目标。

不控制对外融资，易给别人作嫁衣

当渡过初创期，开始高速成长并变得有价值之后，公司及其股权就具备了吸引力，如果公司由于战略或市场等原因产生资金需求，股权投融资就水到渠成了。此时，如果不重视股权控制、没有处理好股权与资本的关系，股权融资的双刃剑特性就会充分展现：公司在成功融资的同时，大股东很可能丧失对公司的控制权直至被迫离开公司——公司做大了，却成了别人的！这有悖于其创立公司的初衷，使个人以及其他创始股东的利益都遭受巨大的损失。

股权融资之所以是双刃剑，是因为公司通过股权成功融资、得到发展所需资金的同时，也付出了部分股权；如果投资方比较强势，在融资过程中可能会要求超越这部分股权的权利（如董事会席位、额外的投票表决权甚至一票否决权等）并与大股东签订对赌协议，以最大限度地保护自己的投资权益。在这种情况下，如果不控制股权融资和股份稀释的速度、不重视对对赌条款的约束和控制，大股东很容易被股权融资的另一“刃”所伤。有得必有失，我们能做的，是尽量重视和加强股权控制，否则，将在得到融资后失去更多。

|案　例|

股权失控，创始人失去蓬勃发展的企业

众所周知，张兰创建了俏江南，并将其打造成行业内颇有影响力的高端川菜品牌，使川菜从此登上了大雅之堂。2008 年鼎晖投资 2 亿元入股俏江南，股份占比 10.526%，但附加了对赌协议：俏江南必须在 2012 年年底之前完成上市，否则鼎晖有权要求公司回购股份、退出投资。但是，俏江南没有成功上市，也无力回购鼎晖的股份。其结果是：公司不得不寻求第三方全盘收购俏江南股权，包括张兰、鼎晖在内的原股东全部退出，张兰被迫离开了自己创立的俏江南。[9]

互联网领域也有一个令人痛心的案例。于刚创立的 1 号店是国内最早最大的超市电商，在电商细分市场做得风生水起、独树一帜。2010 年 5 月，为了从中国平安融资 8 000 万元，创始人于刚出让了 80% 股份[10]，公司的绝对控制权发生转移。2011 年 5 月，中国平安将 1 号店 20% 股权以 6 500 万美元转卖给沃尔玛。短短 1 年时间，1 号店较于刚融资时增值 40 余倍；2015 年 7 月，沃尔玛收购了 1 号店其余股份，实现 100% 控股，于刚离

开 1 号店……1 号店至今在中国电商市场仍占据重要的份额，如果于刚坚持到今天，其股权价值将会达到数十亿元甚至百亿元级别……

这两个案例中，公司原本都在各自的领域独领风骚，却皆因为融资失控导致创始股东失去了公司，令人唏嘘。

俏江南融资成功后，餐饮市场以及餐饮企业在国内外上市的环境都发生了变化，如果张兰能够及时收缩、控制难达预期的市场扩张战略，保持足够的现金流，当上市失败后或有能力回购鼎晖投资的股份，就不至于失去公司；于刚如果在融资时控制对资金的“饥渴”、议价能力更强、少转让部分股份，则能够继续保持对 1 号店的控制，结局也会大不相同……然而时光不能倒流，在融资过程中如果不能有效地控制股权，越好的公司就越容易成为资本的“猎物”。

不少创始人在融资过程中未对公司控制权给予足够重视，他们可能认为“公司离不开我”！事实却有可能恰恰相反：如果投资机构追求控制权，那么卧榻之侧，岂容他人酣睡——公司可以在新的管理层领导下继续活跃在市场中，创始人离开公司后却常常“隐没”于茫茫人海、寂寂无名，能够像史玉柱那样东山再起需要极大的勇气和难得的契机。正所谓“机不可失，时不再来”！

蓬勃发展的公司在不经意间成了别人的，自己在短时间内却再难寻找到更好的机会和平台。我们可以想象一下创始人离开公司后，从“云端跌落凡尘”的那种无奈、痛悔和酸酸的感觉会有多么浓重，“早知今日，何必当初”可能是他们最自然的慨叹，而他们当初缺乏的正是有效的控制。不控制，会失控，这是股权管理的辩证法，我们应该从相关案例中吸取教训，避免重蹈覆辙。

内部控制不到位，会引发乱局

市场经济在中国的历史不长，信用体系需要进一步健全与完善，为了利益不守信约甚至背弃信约的事情时有发生。在公司规模小、前景和价值尚不明朗的情况下，股东之间没有利益矛盾，往往能够团结一致；当公司发展到一定规模并产生较高价值后，股东之间就很可能因为利益分配问题产生分歧甚至矛盾，在利益面前，很多人选择忘记或背弃创立时的愿景或约定。再好的公司，如果发生内耗，那么其效率也必然大幅降低，严重时会导致公司分崩离析。

一个公司就像一个小“王国”，股东会、股东大会相当于这个“王国”的“议会”，是最高权力机构，对规章制度、管理机构以及重大事项进行投票表决；董事长相当于“国王”，掌握着“王国”的人事任免、资金使用、对外合作等权力；总经理则相当于“总理”，负责一切计划的执行和实施；监事会相当于“司法机关”，监督执行过程是否合法、合规……中国几千年的发展史告诉我们，国家只有在统一、有效控制的情况下，才能够正常发展，缺乏有效控制的国家无一例外地陷于纷争和混乱之中。同样的道理也适用于公司这个小“王国”，如果创立时存在隐患，导致内部控制出现问题，公司的发展同样会被失控或纷争引发的混乱伤害。

吴长江与雷士照明的案例中，因为公司创立时大股东没有控股，对公司的控制力不够，导致公司在发展到一定规模后，两个小股东团结起来争夺控制权，大股东吴长江在无奈中离开公司。在公司经历增速下滑的阵痛后，在经销商和中层管理部门的努力下，吴长江才得以回归，但也间接埋下了日后对外融资过程中再度失去控制权的隐患。如果说吴长江事件的直接和主要因素是后来在对外融资过程中缺乏股权控制所致，那么创立时缺乏有效的控制权则是这一切的种子。

清华总裁班同学餐厅的倒闭是典型的缺乏控制权案例，所有股东平均分配公司股权，实际上是无人控制、无人负责，而餐厅的运营恰恰需要更加到位的管理和控制，包括菜品风格是否符合市场定位、是否需要进行调整、后厨和人员管理是否足够细致到位并有效避免贪腐和浪费等。倒闭的原因可能是多方面的，但根源上毫无疑问是缺乏有效控制。雷军第一次创业失败，也是因为他与三个大学同学平均分配公司股权（四人各占 25%），雷军在总结这段失败经历时告诫创业者：无人控制的结果一定是失控，公司初创时一定不能采取平均分配股权的方式。

荃银高科控制权纷争的案例同样是因为控制权不到位。公司上市后，股权比较分散，大股东和二股东持股比例均较低且很接近，由此引发了二股东对公司控制权的争夺。在控制权争夺过程中，中植系、大北农系等外部力量先后介入，公司在较长时期内陷入发展的停滞状态。

类似的案例有很多，我们从这些案例中可以清晰地看到，缺乏有效的内部控制是公司发展过程中的不可承受之重。

有效的控制需要技术，更需要艺术

公司控制权涉及多个层面，大的层面可以分为所有权控制、决策权控制和管理权控制。

所有权控制分为股权控制（包括直接控股、通过架构控制）、投票表决权控制（包括同股不同权、一致行动协议、让渡投票权）。

决策权控制即董事会控制，可以细分为控制董事数量及其产生机制、控制董事会职权、控制董事会任期及换届等。

管理权控制分为控制管理层、控制总经理职权、控制业务、控制管理权的载体——印章证照等。

如果把实现控制权的手段简单划分为技术手段和艺术手段，那么：

技术手段是指借助法律法规的明确规定实现控制，其表现形式中规中矩，实际控制人自然也要付出与之相匹配的资金成本。例如，实际控制人通过直接控股掌控公司股东会、股东大会、董事会和管理层。

艺术手段是指借助法律法规的弹性规定实现控制，其表现形式是以小博大、四两拨千斤，实际控制人付出相对较低的资金成本，但在公司章程、规定、投资形式、沟通与合作等方面展现更多的智慧。例如，实际控制人通过架构交叉持股或者利用公司章程等控制董事会（马云持股比例较低，但通过公司章程约定董事的产生机制牢牢掌控着阿里巴巴庞大“商业帝国”的实际控制权），用相对较低的成本实现控制权。

在接下来的几章中我们将详细介绍实现公司控制权的技术和艺术手段，在此不再赘述。

在公司这个小“王国”中，控制权如同权力游戏，当缺乏控制或者控制不到位、其他人有机会染指权力时，引发纷争、其他人参与的概率将提高；如果实现有效控制，则会避免其他人萌发争夺控制权的念头，将隐患扼杀在摇篮之中。控制的最高境界，也是股权管理和企业管理甚至国家管理的最高境界，其重点在于努力避免问题的发生而不是被动地救火或力挽狂澜。

老子曰：夫唯不争，故天下莫能与之争。对公司控制权而言，大股东只有从股权架构设计、所有权控制等源头机制上正确地规划，并且在公司运营过程中有效地管理股权、控制决策权和管理权，才能从源头上避免纷争，使“天下莫能与之争”。

06 控制所有权

在现代企业制度下，股东会、股东大会是企业的最高权力机构，选举产生公司日常运营的决策机构——董事会，董事会再决定总经理等各职能部门人选等，从而搭建完成组织架构。

因此，加强和巩固公司控制权的实质是控制公司的最高权力机构——股东会、股东大会进而实现自上而下的控制：其上策是控制所有权进而控制股东会、股东大会，控制源头就能控制一切；而一旦所有权失控，就会产生巨大的不确定性，需要极高的艺术手段才能保住决策权和管理权。

根据《公司法》，有限责任公司股东会的主要职权包括：

第三十七条　股东会行使下列职权：

（一）决定公司的经营方针和投资计划；

（二）选举和更换非由职工代表担任的董事、监事，决定有关董事、监事的报酬事项；

（三）审议批准董事会的报告；

（四）审议批准监事会或者监事的报告；

（五）审议批准公司的年度财务预算方案、决算方案；

（六）审议批准公司的利润分配方案和弥补亏损方案；

（七）对公司增加或者减少注册资本作出决议；

（八）对发行公司债券作出决议；

（九）对公司合并、分立、解散、清算或者变更公司形式作出决议；

（十）修改公司章程；

（十一）公司章程规定的其他职权。

我们简单解读一下有限责任公司股东会的权力：

第（一）、（九）、（十）三条决定公司做或不做、做什么和如何做；

第（五）、（七）、（八）三条决定公司拿多少钱运作；

第（二）、（三）、（四）三条决定公司由谁来操作、由谁来监督等；

第（六）条决定公司利润去留；

第（十一）条则为进一步扩大股东会的权力预留了空间。

简言之，股东会决定有限责任公司的人、财、发展战略和经营计划等大的方向性问题，控制了股东会，几乎可以控制公司的一切。

股东会是由持股股东组成的，因此，通过控制所有权来控制股东会，进而实现对公司自上而下的实际控制是首要且最有效的方式。所有权尤其是股权，也成为公司控制权争夺的首要阵地。

控制所有权的主要手段包括：

- 直接持有公司三分之二或二分之一以上股份实现控股。
- 利用巧妙的架构实现相对低成本的控股。
- 控制投票表决权进而控制股东会。

直接控股

大股东直接掌握公司的股份比例达到三分之二以上、实现绝对控股是最简单、有效的股权控制方式。

持股三分之二以上股权的大股东对公司的绝对控制力是毋庸置疑的：需要股东会表决通过的重大事项，绝对控股股东拥有一票决定权，足以确立自己在公司的核心领导地位。

大股东在公司初创期不宜轻易放弃绝对控股权，以确保初创阶段的决策效率，避免公司在求生存和求发展的阶段出现控制权不稳定的问题。

在“股权架构设计”部分，我们展示了一个公司的理想架构：公司从初创到 IPO，大股东从 67% 的绝对控股到经过内部股权激励（10%)、两轮融资（10%、30%)、IPO 发行新股（25%）后仍持有 34.08% 的股份，拥有一票否决权和公司实际控制权（超过三分之一股份)。

公司初创期，为了确保大股东持有三分之二以上的股份比例，应充分考虑以下问题并给予足够重视。

1. 初创期股权分配陷阱

一是合伙股东要求按出资比例分配股权。此时应参考“股权架构设计”一篇关于合伙人股权分配的一些原则，区别对待联合创始人和财务投资人，按照股权控制原则限制财务投资人的持股比例，确保创始大股东拥有三分之二以上股份。

二是避免使用初创期的股权激励员工。初创阶段的公司面临很大的不确定性，很难打动员工出资购买股权；初创期股权本来就极其珍贵，送红股激励员工的代价过高；另外，员工在这个阶段的离职概率也较高，更重要的是，随着公司的发展，某些岗位员工的重要程度会降低，如果初创期送出过多股权，在后续发展阶段需要利用股权吸引更高级的人才时，很可能无法拿出太多股权！届时创始人会后悔当初轻率或低价送出股权的举动。因此，公司最好在渡过初创期后再考虑股权激励等问题。

三是尽可能避免极端的股权架构。在“股权架构设计”一篇中，我们谈到了两种极端的架构：其一是一股独大，其二是过于平均。这两种股权架构都不利于公司后续的发展，难以吸引投资机构。如果在初创期找不到合适的合伙人、只能创始人（及家族）一股独大，则可以预留出较大比例的激励股权，在公司成长期逐渐吸引业务骨干或上下游合作伙伴加入，这样就打破了一股独大的架构，有利于未来实施股权融资。

2. 融资过程中应重视控制权问题

当公司向外部机构融资时，创始大股东应考虑清楚两个问题：

一是自己融资的目的。是为了公司更好地发展，从而使股权在未来更有价值？还是为了短期套现而卖掉自己的股权？如果是前者，就必须考虑公司未来的股权控制问题，进一步考虑到底需要融资多少。资金使用计划应切实可行，而不是无限制地放大自己的战略和资金饥渴。总之，大股东需要有效控制股权稀释速度，防止过早失去控制权。

二是投资机构投资入股的目的。绝大多数机构投资入股是为了赚钱即财务投资，而不是为了拥有这家公司；如果想拥有，就可以考虑收购了，投资与收购是两种截然不同的操作模式。现实中有这样的案例：投资机构本是财务投资，但因赢得业绩对赌协议而获得了对公司的控制权，这是典型的“炒公司炒成了大股东”。其实面对这种状况投资机构往往也是有苦难言：它们的主业是投资企业，而非运营企业！俏江南上市失败后，投资机构鼎晖赢得对赌协议，但其退出投资的过程并不容易，直到有第三方收购俏江南后，鼎晖才勉强收回 2 亿元初始投资……财务投资的情况下，不宜释放过多股份，更不应向一家机构增发过多股权。

总之，在融资过程中，尤其当自己的持股比例将低于 51% 控股线时，大股东应格外重视。失去控股权，可能会引发一系列连锁反应，必须采取一些限制措施巩固自己的控制权。

例如，将每一家投资机构的投资比例限制在 10% 以内（这样，机构就不具有独家发起解散公司等权利），防止机构威胁自己的控制权。实践中，对外股权融资多数是向一家投资机构增发 10% 股份，这样在增发后其股份占扩大后总股本的比例低于 10%，大股东可以更好地行使控制权。

另外，应尽量避免与投资机构签订高风险的对赌协议——从投资机构的角度，签订对赌协议是为了降低自己的投资风险；反过来，对公司而言，签订对赌协议意味着订立了更高的经营目标。由于投资机构的主业是投资，是控制风险，它们对市场风险的嗅觉更敏感，所以，对赌协议往往是对投资机构有利的。通过股权增发融资而不是股权转让，大股东是无法套现的，所融资金可以用于公司经营发展，却不能进入个人腰包，这意味着一旦输掉对赌协议，大股东的结局往往不太理想。如果为了获得融资而签订对赌协议，那么在签订协议之前，最好考虑清楚万一输掉对赌协议该怎么办，能否接受那样的结果。现实中的对赌条款常常成为大股东不可承受之重。

|案　例|

对赌条款“宽松”也会输掉公司?

太子奶是李途纯一手打造的品牌。为实现上市计划，太子奶于2006年引入英联、高盛、摩根士丹利三大投行，融资7 300万美元，并签署对赌协议：3年内，如果太子奶集团业绩增长超过50%，就调低三大投行的股权比例；如未达到30%的业绩增长，李途纯将失去控股权——彼时太子奶连续10年的复合增长率超过100%，因此李途纯签署对赌协议时底气十足，并不认为有风险。2008年，由于扩张过猛，太子奶资金链断裂，随后陷入了严重的债务危机。李途纯最终对赌失败，不得不出让所持股权，离开了自己创立的品牌。

无论经营业绩还是未来上市等方面的承诺，都存在很大的不确定性：市场和竞争格局是动态变化的，以往的高速发展趋势并不意味着今后一定能够持续；上市等更具有很高的不确定性，是把未来寄望于不可控的第三方。这些不可控的因素往往加剧公司未来的不可控，应谨慎应对：在充分考虑公司控制权的前提下进行约定，以降低风险——避免公司做大了，却成了别人的！

总之，大股东直接控股甚至绝对控股是最直接有效的控制方式，如果采取这种控制方式，在股权管理过程中，就应关注并高度重视股权控制的变化。

架构控制

通过持股三分之二或二分之一以上实现绝对或相对控股属于最直接和基本的股权控制方法，虽然非常有效，但会占用大股东较多的资金。

通过精心设计的架构来控制目标公司，常常会收到四两拨千斤的效果。

我们先来看单向持股的架构控制原理。

假设要投资目标公司 51% 的股份实现相对控股，那么通过如图 6-1 所示的架构就可以占用更少的个人资本达到这个目的。

A 公司为大股东（家族）100% 或 80% 以上控股，A 公司在 B 公司中占 67% 的股份，由于超过三分之二的比例，因此 A 对 B 实现了绝对控制，掌控其董事会和管理层并可以一票决定

B 公司的对外投资事项；然后由 B 公司出资占目标公司 51% 股份，则 A 公司就间接实现对目标公司的相对控股，控制了目标公司的董事会和管理层，A 公司的大股东可以在目标公司中担任董事长和总经理。实际上，A 公司在目标公司的间接持股比例仅为 67%×51%=34.17%！如果直接作为目标公司股东控股 51%，需要付出近 1.5 倍的资金！

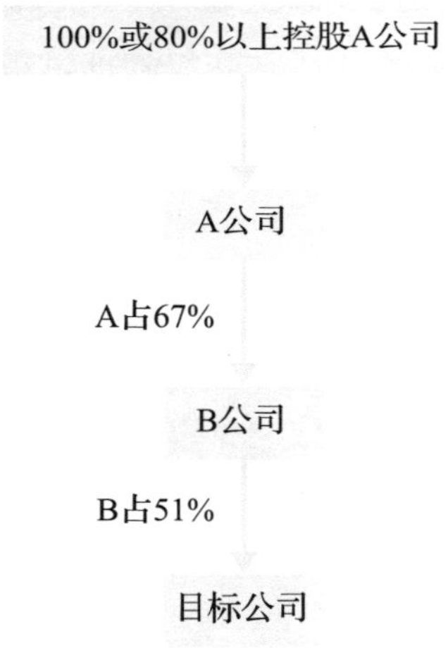

图 6-1　通过架构控制目标公司

借助架构中有关公司其他股东的力量，而不仅依靠自己的资金，即可以用更少的资金实现控股。通过上述双层控制架构，A 公司的大股东就以更低的代价控制了目标公司的决策权和管理权。由于架构上下层公司之间的持股比例通常低于 100%，架构层数越多，杠杆效果越显著，大股东实际占用的资金就越少。这就是架构控制的魅力所在。

|案　例|

姚振华通过架构控制前海人寿[11]

当年姚振华通过宝能、钜盛华、前海人寿发起万科控制权之争时，采用的就是类似的架构，如图 6-2 所示。

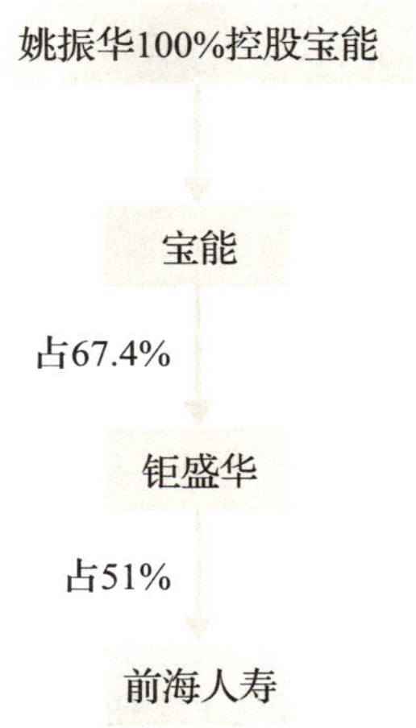

图 6-2　姚振华通过架构控制撬动万科

通过上述架构，姚振华以更少的资金控制了前海人寿，为收购万科的股票提供了源源不断的现金流。建立宝能、钜盛华、前海人寿资金管理计划后，宝能系在二级市场持续收购万科股票，一度成为万科第一大股东，在资本市场一战成名。

此外，当通过架构设计对目标公司实现相对甚至绝对控制后，如果目标公司现金流充裕，可以反向收购大股东在 B 公司甚至 A 公司的股份，这样就通过相互交叉持股进一步降低大股东的持股成本，却不影响其控制权（见图6-3）。

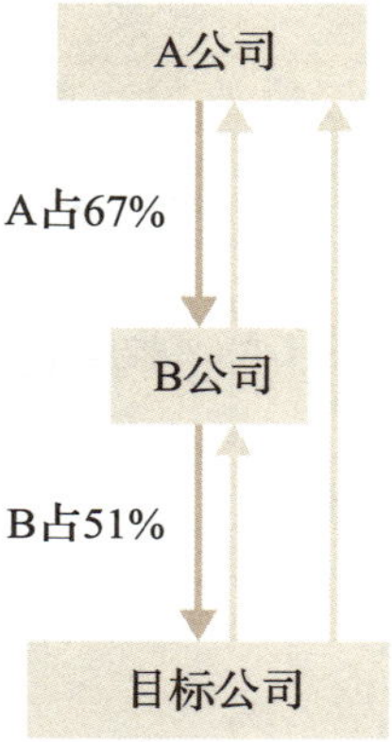

图6-3　交叉持股架构示意图

最终A公司的大股东，甚至可以仅保留少量股份却依然牢牢控制架构中有关公司的决策权和管理权，真正实现四两拨千斤。

除了简单的单向和双向交叉持股架构外，还有矩形交叉持股、网状交叉持股、放射状交叉持股等更为复杂的架构控制方式，如图6-4、图6-5、图6-6所示。

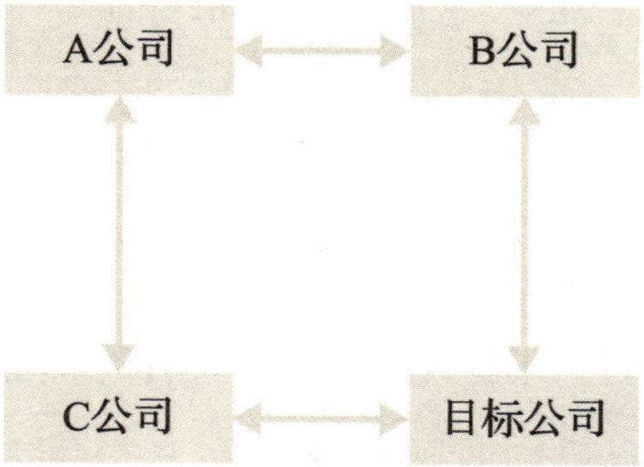

图6-4　矩形交叉持股架构示意图

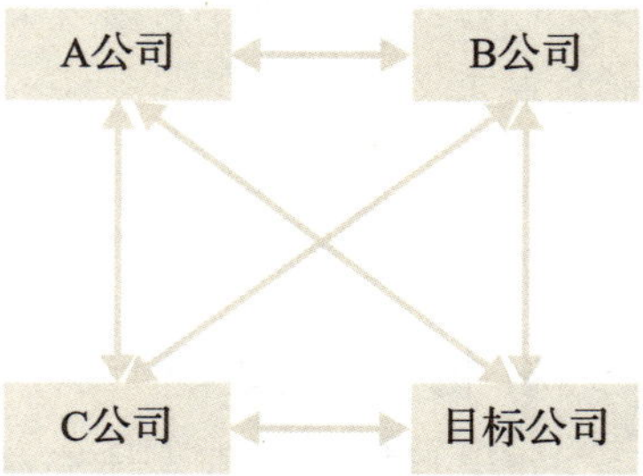

图6-5　网状交叉持股架构示意图

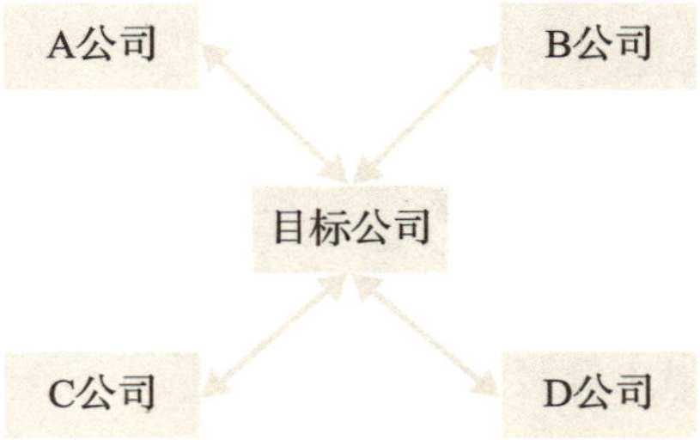

图 6-6　放射状交叉持股架构示意图

当然，还可以将上述多种架构混合，创造出更加复杂的混合架构。无论什么架构，其原理均与简单的双向交叉持股类似，只不过中间公司数量更多、杠杆效应更大、看起来更复杂，其终极目标是以最小的资本投入控制目标公司。

总之，架构控制有以下优点：

- 帮助大股东以最小的资本投入控制目标公司：参与架构控制的公司数量越多，大股东的资本投入越小，杠杆效应越大。
- 提升目标公司竞争力：关联持股的公司之间通过资源、资金等的有效整合，可以加强目标公司的竞争优势。
- 降低目标公司风险，尤其可以有效阻击恶意收购：公司如果是自然人股东直接持股，很容易被收购；如果通过复杂的架构交叉持股，收购难度将大大增加。

因此，当公司具有一定规模后，大股东往往利用架构强化、巩固自己的控制权，架构控制是实践中广泛应用的控制方式。

架构控制，尤其是复杂的交叉持股架构，优点突出的同时也暴露了弊端：

- 有可能损害架构中公司其他股东的利益。大股东减少了资本支出、实现了有效控制，其他股东合计付出了更多资本但没有得到控制权，相关权益有可能得不到足够保障；大股东利用交叉持股、自己只付出少量资金却控制了架构中有关公司后，意味着他作为管理层实际控制公司，涉嫌经理人内部控制、损害其他股东利益的概率大增。
- 有可能导致关联交易。公司之间错综复杂的关系必然导致复杂的资金往来甚至业务往来，关联交易的发生有可能加大规范治理的难度。国内资本市场（无论 A 股还是新三板），在上市之前均需要清理关联交易，这意味着必要时需要清理复杂的交叉持股架构。

尽管如此，就加强公司控制权来说，架构控制是非常有效的。正如架构控制有多种复杂的混合模式一样，大股东同样可以采取直接持股 + 架构控制的混合模式来巩固自己的控制权。无论直接控股、架构控制还是直接持股 + 架构控制，其核心都是为了实现对目标公司的控股，进而可以自上而下地控制股东会、董事会、管理层。因此，控制权是稳固而完全有效的。

投票表决权控制

股东会对重大事项表决时，股权的表现方式就是投票表决权。控制了股权，无疑就控制了投票表决权；反过来，控制了投票表决权虽不完全等同于控制了股权，但可以达到同样的股东会控制效果，从而控制决策权和管理权，达到实际控制公司的目标：当公司遇有重大事项需要股东会、股东大会表决通过时，可以按照自己的意愿控制表决结果。否则，表决结果就会有不确定性，会影响相关事项的推进。

|案　例|

格力电器收购珠海银隆提案被否决[12]

2016 年 8 月 18 日，在酝酿数月后，格力电器公布了收购珠海银隆新能源有限公司及相关定向增发的方案。根据方案，格力电器拟以每股 15.57 元发行 8.35 亿股，作价 130 亿元收购银通投资集团等 21 名交易对方持有的珠海银隆 100% 股权。珠海银隆将成为格力的全资子公司。

10 月 28 日，格力召开临时股东大会，投票表决增发股份收购银隆新能源的提案。结果中小股东团结一致，15 项议案均被否决！格力电器无奈放弃收购珠海银隆……

从这个案例中，我们能够感受到投票表决权的威力。作为上市公司，格力电器的股权较分散，珠海格力集团是其第一大股东和实际控制方，但持股比例仅占 18.36%（见图 6-7），远未达到控股线，如果在重大事项表决中未能有效控制投票表决权，议案就很可能被否决。

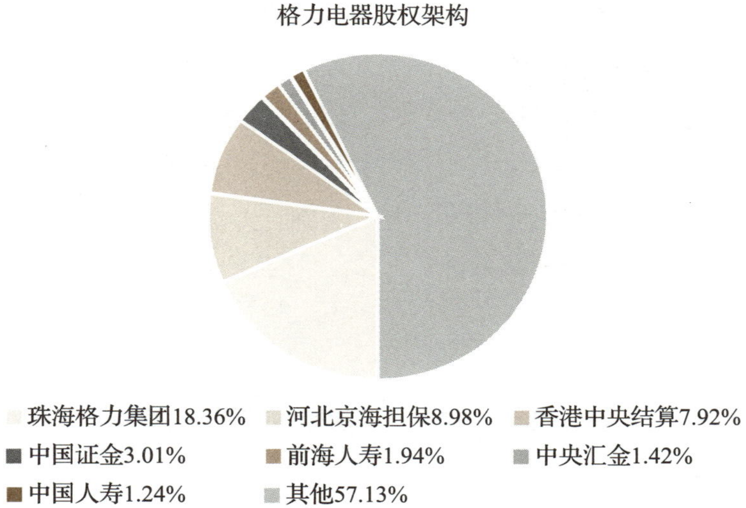

图 6-7 格力电器股权架构

为了有效控制公司，当实际控制方因股份稀释等原因导致控股权减弱后，一定要重视控制投票表决权。

控制投票表决权主要有三种方式：一致行动协议、同股不同权、让渡投票权。

1. 一致行动协议

大股东为了强化控制力，可以联合部分股东签署协议成为一致行动人，从而增加掌控的投票表决权比例。只要一致行动协议掌控的投票表决权超过一定比例就可以实现对公司的控制。

我们在上市公司中经常能够看到，大股东的亲属、公司高管等常常通过一致行动协议来巩固大股东的控制地位：公司上市后，大股东持有的股份比例往往不足以控股，通过一致行动协议可以最大限度地控制投票表决权，加强对股东大会的控制，巩固自己对公司的实际控制。

可能有人仍会有疑问：上市公司大股东等通过一致行动人协议控制的投票表决权可能远达不到三分之二以上，如何能实现绝对控制？

上市公司等进行重大事项表决时，要求出席股东大会的股东超过三分之二以上比例通过即可！由于上市公司的股份往往分散在数万甚至数十万小股东（散户）手中，他们绝大多数不会出席股东大会，因此大股东们尽管并未控股，但在一致行动协议的支持下，往往会掌控出席会议股东绝大多数股份代表的表决权。由于现在的股东大会支持散户通过网络投票而不必现场出席，对很多上市公司而言，中小股东如果真的能够团结越来，完全可以具备一票否决的力量，就像否决格力电器收购珠海银隆一样，否决上市公司管理层提出的“不合理”议案。

反过来看就是，当公司股权分散时，大股东应该通过一致行动协议等尽可能控制投票表决权，增加控制力，降低不确定性。

2. 同股不同权

《公司法》规定：

第四十二条　股东会会议由股东按照出资比例行使表决权；但是，公司章程另有规定的除外。

《公司法》这一条规定赋予公司章程极大的权力，即章程中可以约定股东未必按照出资比例行使表决权，实际上就是为同股不同权开了绿灯。由此也奠定了公司章程在巩固公司控制权方面的重要地位，应引起重视。

同股不同权是指通过公司章程、股权投资协议约定投票表决权的属性（例如约定增发股份的投票权无条件归属大股东，或者对不同股东所持股权的投票权重进行 A、B 类约定等），尤其在大股东转让所持股份或者公司增发股份时，均可通过类似约定使大股东掌控的投票表决权不被稀释。

互联网等新经济企业中，不少创始大股东采用 A、B 类股投票权重不同的方式控制投票表决权。例如：京东商城创始人刘强东约定他个人所持的股票为 B 类股，普通投资人持有的为 A 类股，一股 B 类股的投票权重是 A 类股的 10 倍。截至 2018 年 2 月 28 日，刘强东虽然只持有京东 15.5% 的股权，却拥有 79.5% 的投票权[13]，实现了绝对控制；又如，小米集团同样实行 A、B 股投票权制度，根据小米集团上市招股说明书，雷军累计持有 31.41% 的股权，但拥有 53.79% 的投票表决权，实现控股。美国互联网巨头谷歌更是多次增发不含投票表决权的普通股！

在融资过程中，这些同股不同权的手段都可确保大股东掌握的投票权不受太大影响，对巩固大股东的控制权发挥了重要作用。

总之，同股不同权的核心是：大股东通过弱化其他股东的投票表决权来巩固自己的控制权，使公司日常经营管理及重大事项均在自己的掌控之中。

国内新开通的上海科创板也认可同股不同权制度，这一制度有利于创始人更好地控制公司。

3. 让渡投票表决权

企业进行内部股权激励时，大股东为了巩固控制权，可以利用合伙企业作为持股平台来强化控制权。详细内容参见本书“确定激励模式”部分。

此外，在对外融资的股权协议或公司章程中可以约定部分股东所持股份的投票权让渡给自己，这样，大股东可以增加自己的投票表决权重。

无论一致行动协议、同股不同权还是让渡投票表决权，都使投票表决权的控制方式具有叠加效应：加上大股东原有的持股，可以有效增加控制权重。

通过控制投票表决权控制公司看似可以达到与控制股权相同的效果。但是，相比之下，控制投票表决权的可靠性仍然差一些：

- 同股不同权的权重差别以及让渡投票表决权的要求可能会影响对外融资。
- 原来“说好的”支持票关键时刻变成反对票或弃权票等有可能带来意想不到的风险（在后面的国美电器控制权之争案例中涉及这一点）。
- 其他股东的股权如果发生转让，其投票表决权可能不再受控。

- 一致行动协议等可以解除，解除后就意味着大股东掌握的投票表决权重降低，控制风险增加。

另外一种增加投票表决权控制力的方法是在公司实施股权激励或融资时，由大股东作为普通合伙人管理的合伙企业持有增发的股权。由于普通合伙人对外代表合伙企业，这部分股权的投票表决权就被大股东控制，从而增加大股东掌控的投票表决权重。“股权激励”部分将对此做出详细解释，在此不再赘述。

总之，就所有权控制来说，首选仍是控制股权（无论直接持股还是通过架构控制），其次才是投票表决权——当大股东不再控股时，控制投票表决权是最有效的选择。

由此，我们可以总结出巩固公司控制权的有效路径：公司初创期，大股东应通过直接持股、架构控制尽可能实现绝对控股，这样就拥有了公司重大事项的一票决定权；随着股权激励的进行，实现二分之一以上股份的相对控股，这样自己就拥有了公司日常经营事项的一票通过权和董事会及管理层的控制权，再通过合伙企业持有激励股权依然实现绝对控制（无论是绝对控制还是相对控制，其控制力足以确保公司暂时不存在争夺控制权的风险）；在对外股权融资过程中，持股比例被稀释的同时，加强投票表决权控制，保证持股比例降低但投票表决权依然受控……

大股东在公司发展的各个阶段都应该重视控制权问题——除非自己想择机退出。贯穿始终的控制理念和方法将使公司免于控制权纷争、保持健康稳定的发展。

07 控制决策权

很多中小企业主在公司创立后往往身兼控股股东、董事长或执行董事、总经理三个角色，一切都是自己一个人做主，如果股权架构设计合理，不会遭遇控制权问题。他们平时很少考虑自己到底在行使什么角色的权力，股东会、董事会看起来更是形同虚设，对董事会及其职权也缺乏足够的了解和重视。

在现代企业制度下，股东拥有所有权，但公司实际运营过程中的大部分时间或事项，股东未必直接参与。有的股东不在公司担任具体职务，只在参加股东会、股东大会时表达决策意愿；公司日常经营过程中的绝大多数事项，其决策不需要经过股东会、股东大会审议和表决，由董事会具体实施，董事会是公司日常经营中的决策机构。因此，要实现对公司的实际控制，就要控制董事会，然后任命自己信任的人担任管理层职务。这也意味着董事会是公司控制权的必争之地。

说来说去，有限责任公司董事会到底有哪些职权？我们来看一下《公司法》的规定。

第四十六条　董事会对股东会负责，行使下列职权：

（一）召集股东会会议，并向股东会报告工作；

（二）执行股东会的决议；

（三）决定公司的经营计划和投资方案；

（四）制订公司的年度财务预算方案、决算方案；

（五）制订公司的利润分配方案和弥补亏损方案；

（六）制订公司增加或者减少注册资本以及发行公司债券的方案；

（七）制订公司合并、分立、解散或者变更公司形式的方案；

（八）决定公司内部管理机构的设置；

（九）决定聘任或者解聘公司经理及其报酬事项，并根据经理的提名决定聘任或者解聘公司副经理、财务负责人及其报酬事项；

（十）制定公司的基本管理制度；

（十一）公司章程规定的其他职权。

董事会的职权有多大

《公司法》赋予董事会的 11 项职权，凸显了董事会在公司治理中的重要地位。下面我们将逐条详细地分析董事会职权。

1. 召集股东会会议，并向股东会报告工作

这一条看似简单，其实信息量相当大。

换言之，如果董事会不召集股东会会议，股东行使权利就会遇到困难、难以有效约束董事会，股东数量众多、股份比较分散

的公司更是如此！我们来看当董事会不召集股东会会议时，《公司法》是如何规定的：

第四十条　有限责任公司设立董事会的，股东会会议由董事会召集，董事长主持；董事长不能履行职务或者不履行职务的，由副董事长主持；副董事长不能履行职务或者不履行职务的，由半数以上董事共同推举一名董事主持。

有限责任公司不设董事会的，股东会会议由执行董事召集和主持。

董事会或者执行董事不能履行或者不履行召集股东会会议职责的，由监事会或者不设监事会的公司的监事召集和主持；监事会或者监事不召集和主持的，代表十分之一以上表决权的股东可以自行召集和主持。

如果董事会和监事会都不召集股东会会议，代表10%以上股份的股东可以召集并主持股东会会议。这种情形在争夺上市公司控制权的过程中屡有发生：董事会、监事会和管理层抵制新股东、拒不召集股东大会时，新股东不得不自己召开股东大会。

|案　例|

上海新梅控制权争夺[14]

上海新梅于2003年借壳上海港机股份有限公司登陆上海证券交易所，实际控制人为兴盛集团。此后由于实际控制人不断减持股份，截至2013年11月27日，兴盛系仅持有上海新梅11.9%的股权。

然而在大股东不断减持的同时，王斌忠实际控制的开南投资等15个证券账户持续买进上海新梅的股票。截至2013年11月27日，合计持股比例达到14.86%，开南系超过兴盛系，成为上海新梅第一大股东。

但是开南系多个账户购买股票的过程中，在触及5%及10%的举牌红线时未及时公告一致行动人关系，因此，兴盛集团拒不承认其第一大股东身份，并诉至法院。

开南系与原大股东兴盛集团为争夺上海新梅的控制权展开了一系列斗法。由于受到原大股东掌控的董事会和监事会排斥、拒不召集股东大会，第一大股东开南系于是自行召开股东大会，并罢免原董事、选举新董事，上海新梅一度形成双头董事会的格局。

在双方的争夺中，上海新梅的业绩一路下滑，最终戴上了ST的帽子。

董事会召集或不召集股东会会议，充分体现了在现代企业制度下，所有权与决策权之间的从属与制衡关系。对于有限责任公司而言，随着公司股权激励和融资的进行，大股东所持股份逐渐被稀释、失去控股权后，如果失去董事会的支持，就需要自行召集股东会会议，如果不能团结足够的投票表决权，召集股东会会议可能也于事无补，改变不了被动局面。

因此，中小企业主必须改变以往对董事会的忽视态度，尤其是公司步入股权融资阶段以后，应格外重视对董事会的控制。

2. 执行股东会的决议

这八个字隐含着巨大的信息量。我们分两种情形进行解读。

一是股东会、股东大会的决议相当于公司的最高指示，董事会只能执行，即使决议损害了部分股东或管理层的利益。

2018 年，格力电器董事会提交收购珠海银隆的议案并召集临时股东大会审议，临时股东大会否决了该收购议案，董事长董明珠非常不满。尽管如此，格力电器董事会也只能执行股东大会的决议，放弃收购珠海银隆。这是所有权与决策权之间的从属关系使然。最终，董明珠个人联合其他投资者参股珠海银隆。

因此，当股东或实际控制人因股份少、未实现控股，公司遇重大事项需股东会、股东大会表决时，即使控制了董事会，议案也有可能被否决。董事会如果认为股东会、股东大会的决议有问题，执行起来可能有损公司或股东利益，可以经过充分沟通和说服后重新召开股东会、股东大会，否则，只能执行原有决议。

二是对股份有限公司而言，董事会的腾挪空间更大一些。因为，股份有限公司形成股东大会决议，只需出席会议股东所持股份的过半数而不是公司所有股份过半数，《公司法》规定：

第一百零三条　股东大会作出决议，必须经出席会议的股东所持表决权过半数通过。但是，股东大会作出修改公司章程、增加或者减少注册资本的决议，以及公司合并、分立、解散或者变更公司形式的决议，必须经出席会议的股东所持表决权的三分之二以上通过。

这意味着，在股份有限公司中，尤其当公司股东数量众多、持股较分散时，董事会的控制力相对更强一些。

3. 决定公司的经营计划和投资方案；制订公司的年度财务预算方案、决算方案

这两条表明，财务预、决算方案经股东会、股东大会审议批准后，公司的经营计划和资金支配由董事会决定而无须再经股东会、股东大会表决。换言之，掌控了董事会，就相当于掌控了公司的资金使用权。资金是公司的“血液”，融资过程中，大股东可以适当放手股权比例，但是，董事会却是必争之地。因为这关系到谁掌握公司实际控制权、公司资金及其用途。如何处理好股权与控制权之间的辩证关系？这需要不断提升控制技巧。

4. 制订公司的利润分配方案和弥补亏损方案

公司是否向股东分红、分红占净利润的比例等方案由董事会负责制订，提交股东会或股东大会审议。换言之，股东能否拿到分红、分红多少由董事会制订方案，如果董事会决定对经营利润不分配，股东会或股东大会认为应该分配，那么当董事会将分配方案提交股东会或股东大会审议时可能会被否决，这样，股东与董事会之间的矛盾就明朗化和激化了，不利于公司的稳定发展；反过来，如果大股东实现对股东会或股东大会、董事会的绝对控制，董事会做出的利润分配方案有时未必有利于小股东或公司的长期发展。

|案 例|

华宝股份拟10股派40元，惊现土豪式分红[15]

创业板上市公司华宝股份2019年3月12日晚间披露2018年利润分配预案："拟以华宝股份2018年年末总股本6.16亿股为基数，向全体股东每10股派发40元（含税）现金股利，共计派送现金24.64亿元（含税），母公司剩余未分配利润5 242万元结转以后年度分配。"

上市公司慷慨分红本是好事，但是该公司董事会的这一利润分配方案在网络上却引起广泛反响。原因主要有两个：

一是公司此次将派送24.64亿元现金，2018年IPO时实际募集资金23.11亿元，本次分红像在分配IPO募集资金；而且公司控股股东华烽国际占公司总股本约81%。换言之，在不考虑税费的情况下，其中19.98亿都将分派给大股东华烽国际，而其他股东和散户投资者仅能分得4.66亿元。有散户投资者置疑大股东借分红方案掏空公司，"比减持更可怕"。

二是华宝股份同日公布的年报显示，2018年全年华宝股份实现营收21.69亿元，同比下滑1.3%；归属于上市公司股东的净利润约11.76亿元，同比增长2.4%。公司经营收入同比出现下滑，年净利润甚至不及拟派现金总额的一半，相当于一次性分配了两年的利润。而且公司在2018年6月还曾将约6.5亿元的募集资金补充为公司流动资金。一面是缺钱，IPO募集资金，并补充流动资金；另一面是不差钱，一举分配掉多年的净利润（或IPO募集资金）……公司的前后做法相当矛盾，不具备持续性和逻辑性。

华宝股份董事会的2018年度异常利润分配预案已引起交易所和证监会的关注。

无论华宝股份未来的发展如何，其董事会做出的2018年度利润分配预案通过股东大会表决无悬念，因为大股东绝对控股。但是这一利润分配方案对公司以及其他股东到底是利是弊？我们只能拭目以待，让时间给出答案。

5. 制订公司增加或者减少注册资本以及发行公司债券的方案；制订公司合并、分立、解散或者变更公司形式的方案

这两条中列明的需要股东会三分之二以上股权表决通过的、关系公司未来的重大事项，均由董事会制订方案；与前面几条结合起来看，就是公司如何融资、如何花钱、如何分配利润……均由董事会制订方案。如果说资金是公司的血库，那么董事会则掌管着打开血库的钥匙。

这两条仍有一些值得解读的地方。按照《公司法》的规定，有限责任公司变更注册资本等重大事项需要股东会三分之二以上股权表决通过，即董事会制订的融资方案需要经过股东会的审议和表决通过。此外，董事会制订的方案中，融资对象、增发数量、融资金额等一旦获股东会表决通过，将影响公司的股权架构，甚至有可能影响控制权，即董事会可以通过新引进的股东，优化公司股权架构和公司治理，但同时也有可能会影响原有大股

东的控制权。这充分反映了在现代企业制度下，所有权与决策权之间的从属和相互制衡关系：所有权决定决策权，但是决策权可以影响甚至改变所有权架构。可见，大股东拥有一个受控制的董事会多么重要。后面的国美电器控制权争夺战中就涉及了董事会通过引入外部投资者影响大股东控制权的问题。

6. 决定公司内部管理机构的设置；制定公司的基本管理制度；决定聘任或者解聘公司经理及其报酬事项，并根据经理的提名决定聘任或者解聘公司副经理、财务负责人及其报酬事项

公司组织结构、管理制度、高管人选及其薪酬均由董事会决定。前几条的重要方案虽由董事会制订，但是最终决定权仍在股东会或股东大会；但是这里涉及公司具体管理权的主要事项，《公司法》授予了董事会决定权而无须上报股东会或股东大会审议。这就是控制了董事会就是实际上控制了公司的重要原因。反过来说，如果大股东未能有效控制董事会，仅拥有管理权，即担任公司总经理一职，那么这个职务并不稳固，随时有被董事会罢免的可能：董事会决定解聘公司经理是《公司法》赋予的职权，无论公司经理有责或无责。简言之，董事会解聘总经理不需要理由。雷士照明的案例中，吴长江多次失去雷士照明管理权——总经理职务便是实证。

因此，对于失去所有权和决策权支撑、只暂时拥有总经理职务的股东而言，这种控制权是暂时的和岌岌可危的，随时可能失去，应引起足够重视。

7. 公司章程规定的其他职权

“公司章程规定的其他职权”，这句话如同中国画或书法作品的留白，具有无限的想象空间，也的确为股东会或股东大会与董事会的恩恩怨怨和相互制衡甚至争斗埋下了伏笔，使得公司章程也成为争夺公司实际控制权的必要阵地。

如果公司章程中赋予、扩大董事会其他职权，那么董事会的权力将进一步加强，甚至可以绕过股东会、股东大会的控制。这就为大股东股份被稀释后加强控制权创造了条件。国美电器控制权争夺战中就涉及了这一点。

解读《公司法》中有关董事会职权的规定，能更清晰地看到控制权的脉络：股东会或股东大会决定董事会，但董事会实际掌控着公司的决策权和管理权（高管等由董事会决定），实现所有权即股权控制的终极目的是通过控制董事会实现对公司的实际控制。

实践中，一切围绕公司控制权的争夺，由于股权比例的争夺是在“下面”进行的，而董事会控制权的争夺则更加具体化、表面化，更具故事性因而更显精彩。在此过程中，董事会、公司章程等都将为控制权之争增色。

董事是怎么产生的

董事会的职权那么大，它是由哪些人组成的？董事又是如何产生的？我们来一一解读。

1. 董事会的组成

首先，董事会成员的总数都是单数，这是由其议事规则决定的。《公司法》规定：

第一百一十一条　董事会会议应有过半数的董事出席方可举行。董事会作出决议，必须经全体董事的过半数通过。董事会决议的表决，实行一人一票。

此外，《公司法》对有限责任公司和股份有限公司中董事会的人数也做了规定：

第四十四条　有限责任公司设董事会，其成员为三人至十三人；但是，本法第五十条另有规定的除外。

第五十条　股东人数较少或者规模较小的有限责任公司，可以设一名执行董事，不设董事会。执行董事可以兼任公司经理。

也就是说，有限责任公司设立董事会的，董事人数为 3 ～ 13 人；不设董事会的，可以设立 1 个执行董事代行董事会职责。

股份有限公司的董事会人数为 5 ～ 19 人。

第一百零八条　股份有限公司设董事会，其成员为五人至十九人。

2. 董事的产生机制

仔细研读会发现，《公司法》并没有特别系统和详细地规定公司董事和董事会的产生及运行机制等，这既为股东加强公司控制权创造了有利条件，同时也为控制权争夺埋下了伏笔：在公司控制权争夺过程中，董事人选的提名和罢免、通过与否常常成为争斗的重要手段。

因此，利用董事的产生机制控制董事会是常用的手段。

《公司法》中有关有限责任公司董事的产生办法规定如下：

第三十七条　股东会行使下列职权：……（二）选举和更换非由职工代表担任的董事、监事，决定有关董事、监事的报酬事项……

第四十四条……有限责任公司董事会成员中可以有公司职工代表。董事会中的职工代表由公司职工通过职工代表大会、职工大会或者其他形式民主选举产生。

董事会设董事长一人，可以设副董事长。董事长、副董事长的产生办法由公司章程规定。

概括来说，董事主要由股东会选举产生，董事长和副董事长的任命由公司章程规定。很多中小企业的公司章程、董事会等形同虚设，公司章程甚至使用工商注册时的标准模板。从加强公司控制权的角度考虑，企业主应对公司章程予以重视，尤其处于几个重要的节点时：持股比例低于三分之二，持股比例不超过50%，实施对外股权融资。

持股比例低于三分之二，意味着未来在股东会上不具备一票决定权，修改章程、融资等重要事项需要股东会持股三分之二以上股东的表决通过才能有效，此时只要稍微团结小股东即可达到三分之二的比例，可修改公司章程。

持股比例不超过50%、失去控股权的情况更应重视，因为这意味着如果不采取措施，未来的董事会有可能失控。因此，此前更应该主导修改公司章程，使之有利于自己对董事会的控制。

对外实施股权融资时，投资方常常以占据董事会席位作为投资的交换条件，意味着大股东对董事会的控制力度随之开始减弱。当董事会席位的丢失接近半数时，尤其应引起重视。

建议在这三个重要的节点到来前，抓住机会修改公司章程，强化公司控制权。

《公司法》中明确规定了股份有限公司中首届董事会、职工董事以及董事长和副董事长的产生办法：

第九十条　……创立大会行使下列职权：……（三）选举董事会成员……

第一百零八条　……董事会成员中可以有公司职工代表。董事会中的职工代表由公司职工通过职工代表大会、职工大会或者其他形式民主选举产生。

第一百零九条　董事会设董事长一人，可以设副董事长。董事长和副董事长由董事会以全体董事的过半数选举产生。

可见，股份有限公司在各股东发起创立后，首届董事会由发起股东选举产生，董事长和副董事长由董事会选举产生。

补充解释一点：无论私营有限责任公司还是股份有限公司，都可以设立职工董事也可不设立。

《公司法》没有明确规定董事会换届过程的董事人选及产生办法，但是，规定了股东会的职权：

第三十七条　股东会行使下列职权：……（二）选举和更换非由职工代表担任的董事、监事，决定有关董事、监事的报酬事项……

结合《公司法》的另外一条规定，可以确定股份有限公司董事会换届的方法：

第一百零二条……单独或者合计持有公司百分之三以上股份的股东，可以在股东大会召开十日前提出临时提案并书面提交董事会；董事会应当在收到提案后二日内通知其他股东，并将该临时提案提交股东大会审议。

也就是说，股份有限公司满足条件的股东可通过提案的方式将董事人选提名交由股东大会审议表决。这样，各股东提交的董事候选人经股东大会表决后，就形成了新一届的董事会。

由此可见，新股东加入股份有限公司、与原股东争夺董事会控制权时，只能以临时提案的形式提交己方的董事人选，交由股东大会审议和表决。股东大会将决定新一届董事会的人选，从而决定公司实际控制权归属。

按照《公司法》的有关规定，私营有限责任公司和股份有限公司的董事产生办法等汇总如表 7-1 所示。

表 7-1　不同公司董事产生方式

	私营有限责任公司		股份有限公司
	不设董事会	设董事会	
董事会人数	1	3～13	5～19
职工董事	无	可由职工大会或职工代表大会选举产生	
非职工董事	—	股东会选举；公司章程规定	公司创立时，由股东大会选举产生
			合计持股 3% 以上的股东可提名董事，并经股东大会表决通过后产生
董事长、副董事长	执行董事	公司章程规定	董事会选举产生

实践中，投资入股的新股东，通常会在投融资谈判过程中要求占据相应的董事会席位并写入双方的股权协议；比较强势的投资人甚至会要求修改公司章程中的条款（包括新董事的产生办法等）作为谈判筹码，以此来保护自己的决策权。对大股东而言，应重视对董事会席位的控制。自己控股时，在董事会中拥有过半数的席位，董事会控制起来很容易；当拥有股份降至 50% 以下时，就要通过有效的机制加强和巩固对董事会的控制。

在公司章程中规定董事的产生机制、控制董事会

在公司融资过程中，达到一定持股比例的投资人会要求占有

董事会席位，大股东掌控的董事比例会越来越少，如果不重视控制董事会，有可能逐渐失去公司的实际控制权。

《公司法》的相关规定给董事会控制带来了操作空间：有限责任公司的公司章程可以详细规定董事以及董事长的产生办法。控制了董事的产生就可以有效地控制董事会。

第四十四条　有限责任公司设董事会，其成员为三人至十三人……董事会设董事长一人，可以设副董事长。董事长、副董事长的产生办法由公司章程规定。

例如，可以在公司章程中规定董事会的人数、董事和董事长等的产生机制，实现对董事会和公司的实际控制。当大股东控股或通过投票表决权等实现控股时，可以规定董事由各股东按持股比例提名、股东会审议表决通过；当大股东不再控股时，可以在公司章程中规定诸多约束条款，强化对董事会的控制：

- 董事从公司高级管理人员中产生；
- 董事由担任公司副总经理及以上级别且服务满一年者提名；
- 董事由创始合伙人或股东提名；
- 新股东持股满一年方有权提名己方的董事；
- 新提名董事需经董事会过半数通过后方能提交股东会审议；等等。

根据《公司法》，股份有限公司也可以在公司章程中规定董事的产生机制，以加强对董事会的控制。

利用董事产生机制控制董事会的典型是阿里巴巴的合伙人制度。

|案 例|

阿里巴巴的合伙人制度[16]

阿里巴巴的合伙人（目前有30余人，均来自阿里巴巴及关联公司核心管理层）每年都会选出新合伙人，新合伙人的入选需要得到不低于75%的原合伙人同意。候选人需具备以下条件方可进入选举程序：品格优秀、诚信正直；在阿里巴巴集团、阿里巴巴旗下企业或重要关联公司连续工作超过五年；曾对阿里巴巴集团的发展有积极贡献；是高度认可公司的使命、愿景和价值观并愿意为之努力的“企业文化传承者”。依照公司章程的规定，阿里巴巴合伙人享有提名董事的排他性权利，也有权在特定情形下任命过半数的董事会成员。这意味着阿里巴巴的管理层控制了公司的决策权。

截至2017年年底，马云个人持有约7.6%的股份，即使累加上管理层持有的股份也十分有限，但他们通过合伙人制度控制了董事人选，进而控制了阿里巴巴的董事会，实现对公司的实际控制。

当大股东不再控股，尤其在公司股权比较分散时，通过控制董事人选来实际控制公司是常见的手段，在控制权争夺战中经常有所体现。阿里巴巴的管理层持股比例很低，但通过控制多数董事人选牢牢地控制着董事会，其他股东即使控股也无法提名足够的董事，无法撼动管理层对阿里巴巴的实际控制权。

阿里巴巴的合伙人制度目前运行正常，管理层对董事会和公司的实际控制力度很强，但其实存在隐患：一旦大股东日本软银等与管理层未来在公司发展战略等方面产生矛盾，大股东可以发起修改公司章程等法律文件、废除与新章程冲突的合伙人制度并收回决策权和管理权……

这就是公司章程的双刃：只要三分之二以上表决权通过，公司章程就可以修改！当它为大股东所控制时，可以有效发挥作用；当大股东失去大股东地位、公司章程被新的大股东控制时，自己将受控。因此，总体而言，在缺乏有效股权支撑的前提下，控制董事会（决策权）与控制股东会或股东大会（所有权）相比，是中策。

利用董事会任期规定维持控制权

利用董事会任期可以延长实际控制权。

我们先来解读《公司法》对董事会任期的规定：

第四十五条　董事任期由公司章程规定，但每届任期不得超过三年。董事任期届满，连选可以连任。

董事任期届满未及时改选，或者董事在任期内辞职导致董事会成员低于法定人数的，在改选出的董事就任前，原董事仍应当依照法律、行政法规和公司章程的规定，履行董事职务。

关于董事会任期的这一条规定信息量也比较大，使董事会具备了操作空间，常成为董事会争夺的焦点之一：董事会任期届满未及时改选（或故意拖延不改选），则新董事只能等到下一届就任，原董事仍将履行董事职务到任期结束，除非新的股东会或股东大会罢免原董事；任期内有董事辞职或被罢免，改选出的董事就任前，原董事仍履行董事职务。

这意味着控制权争斗或更迭期间，只要董事会任期未到或者新的董事未到任，原董事会仍然在受控范围内，仍然实际控制着公司。直到新股东被迫行动，掌控到足够的投票表决权后，召集股东会或股东大会并提名新董事，表决通过后才能逐渐接管董事会和公司实际控制权，而这个过程通常需要较长的时间。

在控制权争夺战中会发生这样的情形：因董事会任期未到或未及时改选等原因，新股东不能提名己方董事，这样一来，虽然公司所有权关系已经发生了变化甚至转移，但决策权和管理权仍然未变。到董事会任期届满之前的这段时间，实际控制人可以进行自救、重新联合其他股东夺回股东会或股东大会和董事会控制权；也有人为了自己的私利，利用充足的时间掏空公司，将一个烂摊子留给新股东。

|案　例|

宝能、万科控制权争夺战

2015 年 7 月 10 日，宝能系通过旗下前海人寿等资金管理计划在国内证券市场购买万科 A 股票达 5%，首次举牌万科并通过旗下资金管理计划继续增持万科的股票，此后恒大地产也加入万科股权争夺战。万科董事会为了自救，开始筹划重大资产事项，长期停牌。到2015年12月，宝能系合计持股24.29%、华润持股15.29%、恒大持股14.07%，分列万科前三大股东。

期间，万科董事长王石及总裁郁亮先后代表董事会和管理层发声，不欢迎宝能入主万科，双方交恶。宝能系的敌意收购虽然引起万科董事会和管理层的反感，但却赢得了中小股东、散户等的强烈关注（均从大幅上涨的股价中获益）。

此时，虽然宝能系数月前已成为万科第一大股东，但以王石为首的万科董事会和管理层仍然掌握着实际控制权。

首先，万科当时的董事会任期到2017年3月才到期。

其次，根据万科公司章程，非独立董事候选人名单由上届董事会或连续180个交易日（单独或合计）持有公司有表决权股份总数百分之三以上的股东提出。

因持股时间不够，宝能、恒大暂时都不能提名己方董事，更无法控制董事会。

2016年6月17日，万科董事会公告拟向深圳地铁增发股权，456亿元收购其旗下的资产。此举将大幅稀释宝能等的股权比例。原大股东华润首先明确反对，宝能随即也加入反对阵营，并于6月26日提交临时股东大会议案，要求罢免万科全体董事。宝能的反对在意料之中，但原第一大股东华润的反对令董事会和管理层更加紧张和不安。

股东与管理层争夺万科控制权的斗争看似将以股东的胜利而结束，而这也符合商业逻辑。

王石向有关部门举报，置疑宝能系收购资金来源不合法，并向政府寻求支持。交易所发函询问宝能系资金来源。宝能系回复监管函，资金管理计划中有杠杆资金。

随后，监管和政府力量的介入，使这一场控制权之争发生了逆转。

先是深圳地铁接手了华润持有的万科股份；接着，恒大于2017年3月16日发表公告，将其持有的14.07%万科股份的表决权全部委托给深圳地铁。自此，深圳地铁掌握的投票表决权重已超过宝能系，其与万科管理层合计掌控的表决权已超过万科总股本的三分之一。“宝万之争”随后平息。

“宝万之争”是典型的股权分散条件下，大股东与管理层争夺公司实际控制权的案例。这场控制权争夺战给我们留下了诸多思考：

万科公司章程中对新股东提名董事的规定、董事会任期等，成为董事会和管理层自救的重要武器、赢得了宝贵的时间，从而有时间依靠监管和政府力量的介入战胜大股东，赢得这场令人瞩目的控制权争夺战。

万科的合伙人机制使得万科管理层因为利益高度团结，在“宝万之争”过程中，董事会始终牢不可破。

管理层作为职业经理人长期实际控制公司，如何做到与全体股东利益保持一致？王石等控制下的万科股价长期低迷，在宝能介入之前，网络中已有人置疑有内部人控制问题；宝能介入后成为大股东，被管理层斥为野蛮人，但公司股价暴涨，所有股东短期内都大幅受益；到底是管理层还是大股东更能为全体股东增加价值？短期利益与长期利益如何评判？

管理层是否应该不欢迎大股东？从法理上说，不论宝能系用于收购的资金是否存在杠杆，其通过购买股票赢得了大股东地位是客观事实，大股东被管理层以野蛮人为由拒之门外，似乎不合情理：宝能系在证券市场收购股票时确实野蛮了点，但其通过二级市场收购股票成为公司第一大股东是客观事实；董事会的决策权从根本上说来源于股东大会，股东大会可以做董事会的主，而不是反过来，万科管理层至少没有对大股东和现代企业制度表现出应有的尊重。宝能在情急之下提议罢免万科全部董事，有不负责任之嫌，此举若实施必将引发万科的动荡，损害股东的利益。不管怎样，万科在原管理层治理下，树立了品牌并起到了一定的行业标杆作用，公司控制权争夺的目的毕竟不是损害甚至毁灭它。

在现代企业制度下，国内企业的所有权和管理权分离到底是好是坏？所有权和管理权应该怎样分离？我们暂不考虑万科股改上市时王石主动放弃股权的历史，“宝万之争”发生时，万科管理层只持有公司不到 5% 的股份，却长期掌控董事会，实际控制公司，大股东（包括华润）反倒无缘控制权、被边缘化，在公司治理方面一直被誉为典范的万科，似乎也难言正常……

我们常讲的有效治理，即所有权与决策权和管理权分离，是相对的且应在这样的框架约束下：股东可以不参与公司的运营，但是通过自己的代言人——董事以及管理层来发挥作用，绝非彻底撒手不管。股东撒手不管的结果，一定是公司成为决策层和管理层谋求自己利益（包括商业利益和声誉等）的平台。控制机制不完善尚且可能失控，没有约束，一定会失控。

因此，就公司的正常运营和控制及治理而言，最理想的情形是所有权与控制权相对统一，否则终会陷入纷争。我们探讨的股权控制的这一切，其前提是：从保护大股东的利益出发，防止大股东在公司发展的进程中失去控制权，而不是帮助小股东去争夺控制权。这一点必须明确。我们一直强调控制权和公司对大股东的重要性——“绝非公司离不开你，其实是你离不开公司！”没有了平台，要么退隐江湖、销声匿迹，要么从头再来、东山再起，而这两者都不容易做到。最典型的就是王石，他其实是“宝万之争”的牺牲品，黯然离开万科，万科还是万科，王石却已非当初的王石了。

利用公司章程的其他规定控制董事会

不考虑涉及国有企业的部分，《公司法》有关公司章程的条款超过 60 条！这凸显了公司章程的重要性，其中有关控制权的条款如下。

1. 有关有限责任公司股东会的规定

第三十九条　股东会会议分为定期会议和临时会议。定期会

议应当依照公司章程的规定按时召开……

第四十一条　召开股东会会议，应当于会议召开十五日前通知全体股东；但是，公司章程另有规定或者全体股东另有约定的除外。

第四十二条　股东会会议由股东按照出资比例行使表决权；但是，公司章程另有规定的除外。

第四十三条　股东会的议事方式和表决程序，除本法有规定的外，由公司章程规定。

第三十七条　股东会行使下列职权：……（十一）公司章程规定的其他职权。

第二十二条　公司股东会或者股东大会、董事会的决议内容违反法律、行政法规的无效。

股东会或者股东大会、董事会的会议召集程序、表决方式违反法律、行政法规或者公司章程，或者决议内容违反公司章程的，股东可以自决议作出之日起六十日内，请求人民法院撤销。

以上各条是关于有限责任公司的规定，关于股份有限公司相同的规定不再一一列举（以下同）。

概括起来主要有以下几方面：

● 公司章程可以补充规定、扩大股东会或股东大会的职权。大股东如果不在公司管理层担任具体职务（例如，控股的公司数量较多时），可以通过公司章程进一步扩大股东会或股东大会的职权，以此约束和限制管理层的权力，强化对公司的控制。

● 公司章程可以规定股东是否按照持股比例行使表决权。换言之，公司章程可以规定同股不同权。前面“投票表决权控制”部分提到，利用公司章程对同股不同权的规定可以使大股东控制权产生叠加效果，在其所持股权基础上增加投票表决权重，在此不再赘述。

● 无论有限责任公司还是股份有限公司，股东会、股东大会的召开、召集、议事方式和表决程序等，《公司法》没有规定的，由公司章程规定；股东会、股东大会、董事会的召集程序、表决方式违反法律法规或公司章程，决议内容违反公司章程时，股东可以请求法院撤销。这些内容在公司控制权争夺中会遇到，成为控制权争夺战中相互制衡的因素。

|案　例|

莫高股份大股东发起撤销 2015 年度股东大会决议诉讼[17]

莫高股份的第一大股东和实际控制人为甘肃农垦集团，通过黄羊河集团等直接、间接持有莫高股份 28.71% 股份，占据 9 人董事会（其中独立董事 3 人）的 3 个席位。

2016 年 5 月 3 日，莫高股份收到金陵投资控股有限公司及西藏华富信息科技有限公司通知，金陵控股持有上市公司 4.95% 的股份；西藏华富持有上市公司 0.16% 股份，因二者存在关联关系构成一致行动人，二者所持有股票合计占总股本的 5.1%。同时，金陵控股方要求增加股东大会临时提案，并在 5 月 17 日的年度股东大会上成功提名胡农等三人进入董事会，与大股东分庭抗礼。

到11月11日，金陵控股方合计持有莫高股份的比例达15%。

2016年4月11日开始，宁波永新华韵与宁波宏创买入莫高股份股票，即构成事实一致行动关系，双方未能按规定及时履行信息披露义务，经双方协商于2016年6月20日正式（补充）签署了《一致行动协议书》。彼时，其合计持有莫高股份比例已达9.15%。

更重要的是，在莫高股份年度股东大会上，宁波系等与金陵系保持高度一致，涉嫌一致行动人关系，并已引发上海证券交易所发函问询。

2016年7月14日，兰州市城关区人民法院收到黄羊河集团撤销莫高股份股东大会决议起诉状（在《公司法》规定的股东大会决议后60天期限内），并予立案审理。

随后的调查显示，金陵控股等六方（金陵投资、西藏华富、宁波永新华韵、宁波宏创以及另两个自然人）具有一致行动关系，不仅未及时披露，且其合计持股比例已触发了30%要约收购线。根据《证券法》，若一致行动人关系被确认，那么举牌方就属于信息披露违规，取得的股份不得行使表决权，那也意味着投票表决选出来的董事无效。而且在改正披露信息前，其实际支配的股份将无法行使表决权。

由于法院的调查、审理、判决需要很长的周期，大股东为了自救，莫高股份紧急停牌，宣布筹划向控股股东农垦集团非公开发行股票事项，定增价格为13.87元/股，较停牌前的收盘价17.92元折价约22%，定增后农垦集团所持股份比例将由28.71%

增至40.71%。但定增预案在董事会表决中被金陵投资方的三位董事带头否决……

这个案例至少有两点启示：

一是大股东甘肃农垦集团利用撤销股东大会决议的权利巩固控制权值得肯定，如果撤销股东大会决议的诉求被法院支持，大股东将夺回丢失的三个董事会席位，巩固实际控制权。

二是导致大股东发起被动诉讼局面的核心在于股东大会期间，大股东疏于控制董事会席位，竟然放任举牌方三位董事人选进入董事会，充分暴露了大股东在没有控股权、没有一票否决权的情况下，忽视对投票表决权的控制和对董事会的控制，最终导致实际控制权遭遇威胁的被动局面。

2. 关于股权流转

《公司法》规定：

第七十五条　自然人股东死亡后，其合法继承人可以继承股东资格；但是，公司章程另有规定的除外。

第七十一条　有限责任公司的股东之间可以相互转让其全部或者部分股权。

股东向股东以外的人转让股权，应当经其他股东过半数同意。股东应就其股权转让事项书面通知其他股东征求同意，其他股东自接到书面通知之日起满三十日未答复的，视为同意转让。其他股东半数以上不同意转让的，不同意的股东应当购买该转让的股权；不购买的，视为同意转让。

经股东同意转让的股权，在同等条件下，其他股东有优先购买权。两个以上股东主张行使优先购买权的，协商确定各自的购买比例；协商不成的，按照转让时各自的出资比例行使优先购买权。

公司章程对股权转让另有规定的，从其规定。

第一百四十一条　发起人持有的本公司股份，自公司成立之日起一年内不得转让。公司公开发行股份前已发行的股份，自公司股票在证券交易所上市交易之日起一年内不得转让。

公司董事、监事、高级管理人员应当向公司申报所持有的本公司的股份及其变动情况，在任职期间每年转让的股份不得超过其所持有本公司股份总数的百分之二十五；所持本公司股份自公司股票上市交易之日起一年内不得转让。上述人员离职后半年内，不得转让其所持有的本公司股份。公司章程可以对公司董事、监事、高级管理人员转让其所持有的本公司股份作出其他限制性规定。

归纳和概括这几条的含义就是公司章程可以规定股权的流转办法。这充分彰显了公司章程的巨大作用，使其成为强化公司控制权的有力武器。

股份公司包括上市公司中有关股权转让的规定，主要为了保护其他股东尤其是小股东的利益。反过来，这些条款也成为高管们减持手段花样翻新的基础。例如，规定高管离职半年内不得减持公司股份，那么为了减持股份，就提前半年辞职；规定一年内不得减持所持股份总数的 25%，则通过离婚分割股份，迅速实现所持股份 50% 以上的减持。

这充分体现了上有政策、下有对策，对有限责任公司大股东而言，应重点研究利用公司章程来巩固自己的控制权。

前面“掌握控制权”部分论及股权继承权问题，并建议在公司章程中约定非控股股东股权触发继承权时的处理机制，以保持公司股东的纯粹性。

后面“股权激励”部分将涉及激励股权的流转，其流转机制可以通过公司章程进行有利于大股东的约定（例如，大股东为默认承购方），从而强化其控制权。

3. 有关监事会的规定

《公司法》规定：

第五十一条　有限责任公司设监事会，其成员不得少于三人……

监事会应当包括股东代表和适当比例的公司职工代表，其中职工代表的比例不得低于三分之一，具体比例由公司章程规定。

第五十三条　监事会、不设监事会的公司的监事行使下列职权：

（一）检查公司财务；

（二）对董事、高级管理人员执行公司职务的行为进行监督，对违反法律、行政法规、公司章程或者股东会决议的董事、高级管理人员提出罢免的建议；

…………

（七）公司章程规定的其他职权。

第五十五条 监事会每年度至少召开一次会议……

监事会的议事方式和表决程序，除本法有规定的外，由公司章程规定。

概括而言，公司章程可以决定监事人数及人选产生办法并补充规定、扩大监事会的职权及决定其议事方式和表决程序等。

4. 有关董事会的规定

《公司法》规定：

第四十四条 有限责任公司设董事会，其成员为三人至十三人……

董事会设董事长一人，可以设副董事长。董事长、副董事长的产生办法由公司章程规定。

第四十五条 董事任期由公司章程规定，但每届任期不得超过三年。

第四十八条 董事会的议事方式和表决程序，除本法有规定的外，由公司章程规定。

第五十条 股东人数较少或者规模较小的有限责任公司，可以设一名执行董事，不设董事会。执行董事可以兼任公司经理。执行董事的职权由公司章程规定。

第四十六条 董事会对股东会负责，行使下列职权：……（十一）公司章程规定的其他职权。

在公司章程中除了规定董事人选的产生办法外，还可以补充规定、扩大董事会的职权，以此来加强对董事会的控制。

2009 年爆发的国美电器大股东黄光裕与董事会之间的控制权争夺曾经涉及这一点。

|案　例|

国美电器的控制权之争

2004 年 6 月，黄光裕创立的国美电器借壳鹏润地产在中国香港上市；2005 年，陈晓创立的永乐电器也在中国香港上市。不久，国美电器并购了永乐电器。合并后，黄光裕为国美电器董事会主席，陈晓为总裁。

国美电器上市后的三年时间，黄光裕持续抛售国美电器的股票，套现上百亿元，持股比例由 75% 降至 34%，他在国美电器的持股降到了控股线以下。

为了确保自己对国美电器的实际控制权，2006 年在股东大会上，黄光裕主导修改、表决通过了公司新章程，进一步扩大了董事会的职权：董事会可决定执行董事任命、股票增发、发行可转换债券、管理层股权激励等事项，而无须报经股东大会审议和表决。

2008 年 11 月，国美电器大股东黄光裕、杜鹃夫妇因内幕交易等罪名被警方突然逮捕，陈晓临危受命，于 2009 年 1 月接替黄光裕出任董事会主席。面对供应商挤兑、银行终止授信合作等危机，陈晓力挽狂澜，通过一系列改革稳定了局势，并以个人资产担保为国美电器提供10亿元流动资金贷款。陈晓的一系列举措赢得了国美电器管理层（绝大部分为黄光裕旧部）的信任和尊敬。

2009年6月，为缓解公司资金压力，国美电器董事会决定向美国私募机构贝恩资本融资，发行可转换债券（转股后将占国美电器9.98%，大股东黄光裕的股份将被稀释；融资协议同时约定绑定陈晓及另2名高管，3人中若有2人离职，国美电器将最高赔偿贝恩资本24亿元；贝恩资本同时要求在董事会中拥有3名非执行董事）。陈晓将融资方案知会了狱中的黄光裕，引发黄光裕的不满（认为陈晓有私心，自己的控制权受到威胁），不同意发行可转债。但陈晓利用了公司章程赋予的董事会职权：董事会可决定发行可转债事宜而无须股东大会通过，成功引入了贝恩资本。陈晓与黄光裕的矛盾开始公开化。

2009年6月30日，陈晓主导董事会制订新一轮融资计划：向贝恩资本增发20%股票，并对国美电器管理层进行期权激励（此前，国美电器从未向管理层发放过股票期权），此举赢得了管理层的支持。大股东黄光裕仍然反对，因为这将大幅稀释他的股份。陈晓继续主导行使董事会的职权。7月初，国美电器105位管理层（包括陈晓个人）共获得3.83亿股期权。此后，在双方控制权争夺过程中，管理层始终支持陈晓。

2010年5月11日，国美电器的年度股东大会上，大股东黄光裕带头对贝恩资本的3名董事投了反对票。但是随后陈晓执掌的董事会利用公司章程赋予的权利，推翻了股东大会的决议，行使其可决定任命执行董事的职权，重新任命了该3名董事。双方的控制权之争白热化。

到此时，大股东黄光裕在控制权争夺中完全处于下风，这都是因为他修改的公司章程中授予董事会过高权限所致。当初出于控制私欲强化的董事会职权，如今却为陈晓所利用，黄光裕搬起石头砸了自己的脚。

2010年8月5日，黄光裕提出召开临时股东大会，并要求撤销陈晓和孙一丁的执行董事职务，提名自己的律师邹晓春和妹妹黄燕虹担任执行董事。董事会随后发布公告，反对他的提案，并起诉黄光裕2008年1—2月使用公司资金回购其个人持股。此后双方展开了更加激烈的交锋，舆论攻势、争相大打情怀牌争取员工、争取小股东支持等，黄家同时耗资4亿港元增持股份至35.98%。

2010年8月30日，黄光裕妻子杜鹃被判处有期徒刑三年、缓刑三年。杜鹃出来后第一时间约谈了陈晓和贝恩资本代表竺稼，但谈判无果。随后，黄家发布《致国美股东同仁公开信》，公开承诺将推动黄家300余家门店并入上市公司（这是贝恩资本一直期望的），以及将继续推动公司股权激励等，开始使用利益手段瓦解陈晓的控制联盟。

9月22日，贝恩资本在可转债最后转股期限前完成转股，正式持有国美电器9.98%股份。此举意味着贝恩资本开始妥协，有意在日后凭借黄家门店并入上市公司后获利退出国美电器。

9月25日，黄家、陈晓、竺稼再次进行谈判，黄家认为胜券在握，没有同意陈晓和竺稼提出的和解方案。

9月28日，国美电器股东大会召开。黄光裕罢免陈晓等的议案没有通过！陈晓反而以51.98%的得票率继续留任董事会。黄家完败！

9月29日，黄家、陈晓、竺稼再次谈判，陈晓最终同意离开国美电器。

国美电器控制权争夺战就此结束。

国美电器的控制权之争堪称现代企业制度下公司控制权争夺的经典案例。这个案例给了我们很多启示。

多数董事会成员或是黄光裕多年的旧部，或为其代言，但是在足够大的利益面前，关键时刻“变节”，从而导致原本受控的董事会失控——在利益面前，忠诚似乎不堪一击！这个线索提示我们：大股东应尽可能控股或控制投票表决权，从源头上避免控制权争夺；否则，应及时进行管理层股权激励，实现利益捆绑，提高忠诚度。控制权必须与利益捆绑，掌握控制权必须依靠有效的架构而不能寄望和依赖情义。

公司章程中有关董事和董事会职权的规定是双刃剑，当能够驾驭董事会时可为己所用；当无法驾驭时将为其所伤。因此，设定条款时应考虑充分，不能搬起石头砸了自己的脚。

董事会职权应有限度，尽量不要超越《公司法》的规定、不要绕过股东会、股东大会，否则很可能像黄光裕一样，动用所有权都暂时难以撼动和控制董事会。

小股东、管理层慎动贪念去争夺控制权，因为于法于情于理都很难被接受和认可：国美电器控制权争夺案例中，黄光裕是创始大股东，加上本人又身陷囹圄，尽管此前行为欠妥，但在控制权争夺中，情理、大众同情心等方面占了优势。

基于利益的联盟未必牢靠，在更大的利益面前会被瓦解——陈晓联合的贝恩资本和国美电器管理层都是如此，可谓成也利益，败也利益。

投票表决权联盟未必可靠，黄家原本胜券在握、信心十足地召开了股东大会，结果自己的提案惨遭否决、对手成功连任，这肯定与他们私下统计所掌握的投票权不一致——就公司控制权来说，没有什么比控制股权更有效！

关键时刻，即使四面楚歌，手里还要有牌可打：如果黄家没有抛出将300多家店并入上市公司的方案并承诺继续对管理层实施股权激励等利益，陈晓一方的联盟很难被瓦解。一切都是为了利益，利益能解决的问题，就可以坐下来谈——此时，只有创始大股东是为了情怀而战：利益可以舍弃，而公司就像自己的孩子，舍不得放手。这又令人想起了吴长江和雷士照明的故事，如果吴长江能及时放手，做闲云野鹤倒也比身陷囹圄更潇洒。

到底情怀更重要还是利益更重要？最好的方式是做到二者的有机统一：为了创立公司时的梦想和情怀，设计好股权架构，控制好自己的公司，避免控制权纷争！只有防患于未然，才能无患！

我们看到，当所有权控制不占优势时，需要付出很多努力来控制决策权，而且效果未必如意，即使实现控制，也可能是相对短期和暂时的。进一步说，如果决策权也失控，可以想象要维持住管理权将多么艰难……

利用监事会巩固控制权

监事会也能用来巩固甚至争夺控制权？答案是肯定的。

1. 利用监事会职权发挥其在控制权争夺中的作用

我们先来看一下《公司法》关于监事会职权的规定。

第五十三条　监事会、不设监事会的公司的监事行使下列职权：

（一）检查公司财务；

（二）对董事、高级管理人员执行公司职务的行为进行监督，对违反法律、行政法规、公司章程或者股东会决议的董事、高级管理人员提出罢免的建议；

（三）当董事、高级管理人员的行为损害公司的利益时，要求董事、高级管理人员予以纠正；

（四）提议召开临时股东会会议，在董事会不履行本法规定的召集和主持股东会会议职责时召集和主持股东会会议；

（五）向股东会会议提出提案；

（六）依照本法第一百五十一条的规定，对董事、高级管理人员提起诉讼；

（七）公司章程规定的其他职权。

第五十四条　监事可以列席董事会会议，并对董事会决议事项提出质询或者建议。

监事会、不设监事会的公司的监事发现公司经营情况异常，可以进行调查；必要时，可以聘请会计师事务所等协助其工作，费用由公司承担。

第一百一十八条　本法第五十三条、第五十四条关于有限责任公司监事会职权的规定，适用于股份有限公司监事会。

从上述规定可以看到，监事会的职权其实是很大的。除了常规的监督权、调查权，监事会可能影响控制权的职权包括向股东会提出议案以及提议罢免违规的董事、高管。这两项职权可以直接影响董事人选，进而影响控制权。

|案　例|

ST 银广夏监事会提议罢免董事长

2008 年 5 月，A 股上市公司 ST 银广夏及其子公司、浙江长金、农业银行签订债务重组协议，由 ST 银广夏向浙江长金定向转增股份，转股后其实际控制人朱关湖担任 ST 银广夏董事长，并承担银广夏及其子公司对农业银行的担保债务 1.78 亿元。

2009 年 1 月 16 日，ST 银广夏将转增的股权划转至浙江长金名下，但浙江长金却迟迟没有履行债务代偿义务，导致农业银行宁夏分行向宁夏区高院提出诉讼（被告人包括浙江长金和 ST 银广夏）。

2009年12月7日和14日，ST银广夏第八、第九次监事会议先后向董事会提议罢免朱关湖的董事长及董事职务，认为浙江长金在取得ST银广夏控制权后恶意毁约，没有意愿和能力承担ST银广夏的担保债务，导致银行和上市公司都遭受重大损失，该行为涉嫌合同诈骗，请求董事会引入公安机关查明真相。最终，ST银广夏监事会状告董事长案被宁夏高院受理。

这个案例充分显示了在特殊情况下监事会的威力：利用《公司法》赋予的职权提议罢免和起诉涉嫌违约、违法的董事（长）。

由此进一步展开，必要时利用监事会罢免部分董事可以加强对董事会的控制，进而巩固控制权。那么如何控制监事会？

2. 利用公司章程规定监事的产生机制来控制监事会

确保一个受控的监事会首先应研究监事的产生机制，《公司法》中规定：

第五十一条　有限责任公司设监事会，其成员不得少于三人。股东人数较少或者规模较小的有限责任公司，可以设一至二名监事，不设监事会。

监事会应当包括股东代表和适当比例的公司职工代表，其中职工代表的比例不得低于三分之一，具体比例由公司章程规定。监事会中的职工代表由公司职工通过职工代表大会、职工大会或者其他形式民主选举产生。

监事会设主席一人，由全体监事过半数选举产生。监事会主席召集和主持监事会会议；监事会主席不能履行职务或者不履行职务的，由半数以上监事共同推举一名监事召集和主持监事会会议。

董事、高级管理人员不得兼任监事。

从《公司法》的上述规定看，最小规模的监事会有3名监事，其中职工代表1名，股东代表1名（可以代表大股东）且该代表不在公司担任董事或高管职务，另1名则可指定或委派；或者由公司章程具体规定监事的人数及产生机制。因此，理论上，大股东直接或通过架构绝对控股、掌控投票表决权达到绝对控制时，就可以掌控公司章程的修订权限，进而可以规定监事的产生机制、控制监事会。

综合考虑监事的职权、公司的规范治理和有效内控等因素，财务人员包括财务负责人不宜兼任公司监事。

首先，因为《公司法》定义财务负责人属于高级管理人员，所以，不具备兼任监事的资格。具体规定如下：

第二百一十六条　本法下列用语的含义：

（一）高级管理人员，是指公司的经理、副经理、财务负责人，上市公司董事会秘书和公司章程规定的其他人员……

其次，监事会的重要职权之一是检查、监督公司财务工作，因此财务人员兼任监事不利于相关工作的有效开展，不利于建立有效的制约和内控机制。

3. 利用监事会任期规定控制监事会

《公司法》规定：

第五十二条　监事的任期每届为三年。监事任期届满，连选可以连任。

监事任期届满未及时改选，或者监事在任期内辞职导致监事会成员低于法定人数的，在改选出的监事就任前，原监事仍应当依照法律、行政法规和公司章程的规定，履行监事职务。

这一条规定使监事会具备了操作空间，包括：监事会任期届满未及时改选（或故意拖延不改选），则新监事只能等到下一届任期，原监事仍履行监事职务直到任期结束，除非新的股东会罢免原监事；任期内有监事辞职或被罢免，改选出的监事就任前，原监事仍履行监事职务。

这意味着控制权更迭期间，只要监事会任期未到或者新改选的监事未到任，原监事会仍然在受控范围内。

总体而言，在现代企业制度中，监事会作为与董事会并行的监督机构，其控制力和控制效果相对差一些，只能作为巩固和加强控制权的补充手段。巩固公司控制权的首选项仍是控制股东会或股东大会，即通过直接持股、架构控制和控制投票表决权来控制股东会或股东大会，进而控制董事会和管理层，达到控制公司的目的。

08 控制管理权

在有效控制所有权、决策权的前提下，控制管理权是水到渠成、自然而然的；否则，控制管理权就十分艰难而且不稳固，可能事倍功半。尽管雷士照明案例中吴长江曾凭借强悍的管理权两度收复公司控制权，但只是暂时、难持续的。我们一直强调，现代企业制度下公司控制的原则一定是自上而下的，而不是反其道而行之。

我们先来看《公司法》中关于公司经理职权的规定：

第四十九条　有限责任公司可以设经理，由董事会决定聘任或者解聘。经理对董事会负责，行使下列职权：

（一）主持公司的生产经营管理工作，组织实施董事会决议；

（二）组织实施公司年度经营计划和投资方案；

（三）拟订公司内部管理机构设置方案；

（四）拟订公司的基本管理制度；

（五）制定公司的具体规章；

（六）提请聘任或者解聘公司副经理、财务负责人；

（七）决定聘任或者解聘除应由董事会决定聘任或者解聘以外

的负责管理人员；

（八）董事会授予的其他职权。

公司章程对经理职权另有规定的，从其规定。

经理列席董事会议。

很显然，总体来看，公司经理更多的是执行角色，执行董事会决定的事项和经营计划等，经理能够自主决定的职权有限，国外称此角色为首席执行官，似乎更加准确；如果董事会收紧经理的职权，限制其在“主持生产经营管理工作”“组织实施董事会决议”“组织实施公司年度经营计划和投资方案”这三项决定权中的审批权限，那么其管理权较弱、仅仅限于执行角色，公司的实际控制权更多地向董事会倾斜。反之，如果利用董事会和公司章程另行授予经理其他职权的规定，扩大经理的权力范围，授权足够的情况下，经理的权限可以得到放大，甚至向上进一步延伸、覆盖董事会的部分职权，则管理权的控制力将得到增强。

不管怎样，由于公司经理的管理权涉及公司的日常经营，包括产品、技术、市场、人员以及资金的使用等，因此除了董事会，经理的管理权也往往成为公司控制权必争之地。

控制核心人员、技术、产品、渠道等

核心人员、技术、产品、渠道基本构成了公司最有价值的资产，是公司实现经营价值的基础。如果有足够能力掌控这些资产，就会加强自己的控制力，公司在相当长时期内可能离不开你。

|案　例|

苹果公司乔布斯的回归[18]

乔布斯于1976年在自家车库创立了苹果公司，第一代产品是Apple Ⅰ电脑，开创了带显示器电脑的先河；随后，苹果推出了第二代产品Apple Ⅱ，其巨大突破在于不仅能显示文字，而且支持显示图像甚至支持彩色显示，被誉为开创家庭电脑市场的革命性产品。1980年苹果公司成功上市，成为募集资金最多的公司并在成立短短5年内进入世界500强。Apple Ⅱ累计售出超过百万台，获得巨大成功。

20世纪80年代后期，IBM推出兼容个人电脑（PC）开创个人电脑时代，PC像一股旋风席卷了整个电脑行业，但PC界面对苹果系统的模仿令乔布斯鄙夷，他对产品设计的执着与偏执使苹果公司遭遇了巨大的挑战。其推出的Macintosh系统及系列高性能、全图形界面的电脑和笔记本产品虽惊艳业界，但因售价高昂，一直无法打开常规市场，仅占据了美工、建筑设计等小部分细分市场。苹果公司遭遇了成立以来最困难的十年，1997年乔布斯被赶出公司，他也卖掉了自己所有的苹果公司股份。

但苹果公司随后陷入了濒临倒闭的绝境，最终不得不请回乔布斯。后来的故事大家都很清楚了：在乔布斯的领导下，苹果公司推出了iTunes和Apple App Store，创造了iPod、iPhone、iPad等一系列革命性的个人消费产品，获得巨大的成功，成为全球市值最高的公司。作为苹果公司前 CEO，乔布斯直到去世前仅持有公司 0.585% 的股份，其强悍的控制力源自公司依赖他对产品等的把控。

乔布斯和苹果的故事只是个例，而且是基于美国公司治理非常完善和规范的营商环境下，在中国目前的市场环境中是难以想象并且不可模仿的。

在吴长江和雷士照明的故事中，也存在吴长江在控制管理权方面所做的努力。雷士照明依靠吴长江的品牌战略和经销商渠道补贴战略，获得了市场认同、快速发展起来。吴长江多年来一直在全国各地奔波，与供应链、经销商在利益上和情感上有深度联系，当他先后两次被免去总经理职务、被迫离开公司后，全国各地经销商的拥护和支持两次帮助他回归公司、夺回控制权。尤其是第二次风波中，上下游合作伙伴为了支持吴长江，竟然在长达一年的时间内实现产品断货！这对于一个上市公司来说是不可思议的，从一个侧面也反映了吴长江对生产和市场渠道的控制力度之强。

不少管理者依靠控制市场渠道、关键客户和合作伙伴等手段巩固自己的管理权，甚至以此作为公司控制权更迭时的谈判筹码，其结局往往是即使有一个小团队整体离职，公司经历阵痛后依然活跃在市场中——不管怎样，在中国目前的市场环境中，缺乏所有权和决策权控制基础的管理权通常是不稳固和难以持续的，因为在“权力的游戏”中，人们更信奉“卧榻之侧，岂容他人酣睡”。吴长江的多次出局充分说明了这一点。

在战略管理过程中，我们常说，“方向选择胜于努力”，对公司控制权来说，正确的努力方向是自上而下，即所有权→决策权→管理权；反其道而行注定事倍功半，忽视所有权和决策权控制、一味地在控制管理权上努力，终究难达预期。

控制证照印鉴等

通过控制证照印鉴等控制公司管理权是典型的中国特色，看起来很滑稽，但因为可以钻司法的空子，短期内却屡屡奏效。

公司的实际控制权发生转移，除了股东会、董事会控制权的变更以外，最实际的就是要变更公司法人（包括营业执照、公司章程、法人代表等）、管理层，办理工作、证照印鉴、合同资料以及财务等的交接。这些工作全部顺利完成才具备了接管公司的基础，否则就会加剧控制权变更过程的复杂性。

按照商业道德，公司控制权发生实质性转移后，原实际控制人应配合完成交接工作。但是，在实践中，有人不仅拒不配合，甚至还大张旗鼓地把持公司有关证照印鉴等，导致公司在实际控制人发生变更后的相当长时期内竟无法正常经营。

|案　例|

山水水泥控制权争夺战[19]

山水水泥 2008 年 7 月 4 日在中国香港上市，其控股股东是公司职工持股的山水投资，占股30.11%；为规避股东人数的限制，山水投资3 938名职工的股份（占山水投资61.77%）分别由董事长张才奎和高管李延民协议代持。

2011年1月，张才奎私自将李延民代持的职工股份转至自己名下；2013年11月中旬，张才奎又要求其他显名股东和所有职工股东退出山水投资，导致职工不满并向中国香港高等法院起诉，要求解除股份代持关系。

张才奎担心自己败诉后丧失公司控制权，于2014年10月27日向中国建材增发5.631亿股山水水泥股份（每股2.77港元），增发后山水投资的持股比例由30.11%降至25.09%，中国建材持股比例16.67%，两者分列第一、第二大股东。

随后亚洲水泥和天瑞集团开始在二级市场抢购山水水泥股份，加入其控制权争夺战。最终，天瑞集团持股28.16%、超越山水投资成为第一大股东，亚洲水泥持股20.9%成为第三大股东。

2015年9月30日，香港法院判令张才奎代持的职工股份由安永会计师事务所代管，张才奎出局在即。然而张才奎拒不交接，在此期间，第一大股东多次提请召开股东大会、罢免现任董事会，均被张才奎掌控的董事会否决。张才奎甚至破釜沉舟，不断发布山水水泥债券违约公告，鼓动银行等债权人索债企图逼迫公司破产。

2017年，天瑞集团组织数百人强攻并占领了山水水泥位于济南的总部大楼，惊动了当地警方，随后2 000余名员工列队进入大楼、实行逐科室接管。但张才奎带走了公司及下属50余家水泥厂的印章、印鉴及账簿等重要文件，并在离原总部不到 5 000 米的地方另立总部。大股东虽然夺回了公司，但由于没有公章，无法启动业务，甚至无法在工商部门完成股权等的变更。

新的山水水泥管理层于是在报纸上刊登声明，宣布被张才奎带走的公司公章遗失、作废；张才奎则很快在报纸上刊登声明，宣布原公章没有遗失、依然有效。

最终，只能靠司法和政府部门介入，禁用原公章、启用新公章才结束了山水水泥的控制权之争。但山水水泥风光不再，元气大伤且官司缠身。

山水水泥案例揭露的围绕证照印鉴等的争夺并非个例，中餐连锁第一品牌真功夫以及国内 A 股的多家上市公司如 ST 宏盛、ST 兴化等都曾发生“公章事件”，足见国内公司规范化治理之路漫漫。

控制证照印鉴等作为中国式管理权的控制方法，虽然短期有效，但并不应鼓励，也不受法律保护。无论怎样，经理是董事会法定可以无理由解聘的角色，其职权可谓具有暂时性，即管理权可以被董事会随时收回，这就是现代企业制度：公司是常青树，经理却是长流水。

因此，为了避免管理权干扰公司实际控制权，从规范公司治理、完善内部控制的角度，董事会在审核总经理主持制定的公司规章制度时，应关注公司印鉴证照等的管理规定，最好体现牵制和相互制约的效果。例如：财务章和法人章、网络银行密码分人管理，避免一个人就能完成公司资金的划转和支付；公章、合同章、发票章等同样分人管理，避免由（总经理）一人完全掌控。实践中，规范的公司会将分人管理的印章置于保险柜，几人分别掌管保险柜的密码或钥匙。这样一来，印章等的使用过程除了登记以外，还需要其他人的配合，否则无法完成——通过这种方式相互监督和牵制。这种牵制和相互制约将迫使公司管理规范化，降低失控和交接风险。在解聘公司经理时可避免有关的管理权交接风险，从而更有效地实现实际控制。

利用公司章程的其他规定

大股东通过所有权控制和决策权控制可以达到有效控制公司的目标，但是，这并不意味着可以为所欲为，《公司法》中规定了一些具体管理事项，使得大股东的控制权受到影响和约束：

第十六条 ……公司为公司股东或者实际控制人提供担保的，必须经股东会或者股东大会决议。前款规定的股东或者受前款规定的实际控制人支配的股东，不得参加前款规定事项的表决。该项表决由出席会议的其他股东所持表决权的过半数通过。

这条规定表明：当公司向任何股东提供担保时，该股东应规避表决；当公司向实际控制人提供担保时，实际控制人本人及其控制的股东均应规避表决。此时，需要出席会议的其他股东过半数表决权通过。

这在逻辑上很容易理解，即为了防止实际控制人利用控制权侵害其他股东的利益，并给公司运营带来不必要的风险。因此，这类事项需由不相关的其他股东表决，实际控制人即使绝对控股也无法控制表决结果。

对实际控制人来说，可以利用《公司法》赋予公司章程的"其他规定"权限来规避这种约束。国美电器的案例中提到，大股东曾经主导修改了公司章程，扩大了董事会职权，使融资、担保等重大事项不必再通过股东大会表决……同理，我们也可以在章程中扩大董事会或经理的职权，将对外担保等事项列入董事会或经理的职权范围，无须再通过股东会或股东大会表决。但正如国美电器案例中总结的，公司章程是双刃剑，授权容易、收权难，权力过大往往意味着难以控制。因此，涉及《公司法》已有明确规定的事项，仍建议按照其具体规定执行，确保权力的受控和相互制约，以降低公司运营风险。

行政手段、法律诉讼手段

行政手段和法律诉讼手段的实施，意味着控制权争夺各方的矛盾公开化，通常会对公司的声誉和正常经营造成不良影响，但行政手段和法律诉讼手段仍是控制争夺战中经常使用的工具。

在"宝万之争"中，万科的管理层为了保住实际控制权，最后采取了向政府部门寻求帮助的方法，包括请求政府出面帮助协调，甚至反诉收购方资金来源瑕疵……最终，在行政力量的帮助下，万科管理层赢得了控制权保卫战。

在上海新梅控制权争夺案例中，原来的大股东同样采取了法律手段，起诉收购方在股票购买过程中，达到持股5%、10%举牌规定时，未按《证券法》要求及时公告。尽管被告存在未及时公告的瑕疵，其通过购买股票成为大股东是既成客观事实，因此法院最终并未支持原告的诉求，但是原告通过诉讼赢得了宝贵的缓冲时间。

在山水水泥控制权争夺案例中，原股东带走了公司印章、证照等，新的大股东天瑞集团最终同样依靠诉诸法律并叠加政府行政手段介入才夺回管理权。

应该说，行政手段和法律诉讼手段往往是控制权争夺中最后的较量，走到这一步往往意味着原股东在控制权问题上的失败，是应该尽量避免的。

正如前面提到的，就组织、公司的运营和管理而言，我们倡导通过架构设计、机制设计等避免隐患和问题的发生，而不鼓励和寄希望于问题变得严重后出现力挽狂澜的英雄。

作为领导者，做正确的事胜于正确地做事，即方向选择比努力更重要。就公司控制权而言，正确的方向是自上而下地控制：所有权是根本，一切围绕股权架构设计和控制的努力，都以这个源头为基础；当所有权控制力度趋减时，需要加强对决策权和管理权的控制。但正如我们所探讨的，失去所有权的强有力支撑，决策权控制事倍功半；失去所有权和决策权的强有力支撑，管理权控制终是枉然。

因此，大股东需要重视的是：公司初创时，通过股权架构设计、所有权控制等实现对公司的控股甚至绝对控股，以在公司控制问题上高枕无忧；融资次数和规模超过一定限度、持股比例低于 50% 的控股限度前，必须加强对投票表决权的控制；当持股比例继续降低，股权趋于分散时，应在尽可能团结其他股东的基础上，修改公司章程、设定相应机制控制董事会，同时持续强化对公司产品、技术、市场和内部管理等的控制力和影响力，不断巩固对公司的实际控制。

股权是一把双刃剑，它可以用来融资、借助资本杠杆的力量帮助公司高速发展，也可以不断稀释大股东的股份比例，处理不好会丢掉公司控制权！这是股权的辩证法，也是公司小与大、慢成长与快发展、控制与反控制的辩证法，要实现商业利益最大化，就必须善于驾驭股权的两面，重视股权架构设计和控制。

第三篇

股权激励

股权激励是指公司为了激励员工及合作伙伴等推出的激励机制，通过向激励对象授予一定数量的股权或期权激发其凝聚力和主人翁责任感，使之与公司成为利益共同体，推动公司更快速地发展。

股权激励是有效降低研发费用支出的手段。例如，小米为了降低工资支出，给员工提供了三个工资选项：百分之百工资、三分之二工资 + 期权、三分之一工资 + 期权。这样，小米用期权代替、减少了公司前期的工资支出。

尽管股权激励近几年越来越流行，仍有老板心存疑问："我的公司不大，有必要进行股权激励吗?"其实越小的公司越有必要进行股权激励——不激励，就老板一个人在奋斗，其他人只是在工作而已!

股权激励过程中，授予激励对象的股权数量常常与工作业绩挂钩，股权定价与公司财务数据等相关，这都要求公司在治理和规范化管理方面拥有一定的基础。因此，管理规范度相对欠缺的中小企业在实施股权激励前，需要进行必要的准备工作，否则难以取信于员工，实施过程会遇到困难。

股权激励是一个复杂的、系统的过程，涉及管理、金融、法律等多方面的专业知识，工作内容较多，大量的专业性和协调性工作需要专业机构统筹协助才能高效地完成。

09 股权激励的准备工作

公司在正式启动股权激励工作前，需要完成很多准备工作，这些准备工作涉及方方面面，不可忽视，否则会直接影响股权激励的正常实施。

尽职调查

尽职调查是指对公司以及激励对象等进行的调研工作。

从尽职调查工作开始，专业机构就入场工作了。尽职调查的形式包括网络查询、访谈、问卷等多种形式，其主要目的有：

- 在了解公司股权架构等基本信息的基础上，进一步了解公司的整体经营状况，包括公司所处的行业状况、战略和商业模式、产品和市场状况、盈利能力和趋势、人力资源和薪酬体系、财务状况甚至核心人员的婚姻和家庭状况（离婚引发的财产分割可能会引起公司股权架构的变化[20]）等。

- 了解公司股权激励的准备工作是否就绪，包括公司经营、内部管理制度、绩效考核体系、财务管理等，调整、完善和解决当前存在的不合规甚至不合法问题，为实施股权激励扫除障碍。

- 摸清员工对股权激励工作的认识、积极性等，从而有针对性地采取相应的工作方法。

- 沟通股权激励方案，包括激励股权的模式、条件、价格和数量等。

其具体工作内容包括四部分。

1. 详细调研并解决公司合规守法经营问题

实践中常遇到的问题包括：

- 注册资本的实缴问题。实施股权激励前（尤其当员工需认购股权时），原股东应缴齐注册资本，为股权激励实施扫清障碍。此外，注册资本中是否存在技术成果等无形资产作价入股情况？如果作价金额所占比例超过 20%，则相应技术成果应具备科技管理部门认定的《出资入股高新技术成果认定书》。还有，入资的相关实物资产或非专利技术及固定资产净值是否需要评估机构评估？财务报告是否经过会计师事务所审计？股权激励方案中的股权定价很大程度上依赖于财务报告，如果公司调整后的财务报告未经审计，那么股权定价就很难有足够的说服力，股权激励工作的正常开展就会受到影响。

- 合规经营问题。有些行业的经营涉及一个甚至多个行政许可或认证等，公司因为历史原因如政府部门暂停审批等一直在“裸奔”，存在较大的不合规隐患，一旦被查，则有暂停营业的风险；此外，公司是否存在超范围经营或证照过期未续等问题也应引起重视，如果存在这种情况应在补办相关许可后再启动股权激励方案。

- 公司与渠道商或供应商、用户的纠纷或诉讼及行政处罚等问题。如果存在此类问题，也应该借机将这些影响公司未来发展的“雷”全部排除；同时，规范与上下游合作伙伴的协议，确保公司生产和销售的稳定性和连续性。

2. 公司治理与内部管理尽职调查

公司原有股权架构是否存在隐患，有无调整的必要，是否完善了组织架构和岗位责任，是否建立了与战略目标匹配的绩效考核体系，财务管理包括账务等是否足够规范，这些都需要在制定股权激励方案前确认。

股权问题是一个系统问题，不是简单地“拉员工入伙”的问题，它与公司经营、管理等密切相关；同时，因为涉及股权定价，能够倒逼公司在管理上更加规范、透明，进而取信于员工。不少公司借助实施股权激励的机会，使公司治理和管理水平更上一层楼。

3. 摸清潜在激励对象意愿

股权激励涉及公司和员工双方，因此一定要提前了解员工的意愿。激励对象若对股权激励不太感兴趣，要及时询问原因。如果是公司方面的问题，该整改时就及时整改；如果是员工因个人资金安排等无法参加激励计划，则需要进一步讨论解决方法，否则股权激励的开展就会遇到困难。在尽职调查的基础上，机构可以结合公司的发展战略、人才结构等，协助公司有针对性地确定激励对象，甚至提出完善人员结构的意见或建议。

对潜在激励对象尽职调查的主要内容有：了解员工对公司的贡献；了解员工的学历、职称、过往工作经历、劳动合同、工作绩效等；对于高管，还要了解其是否有多重任职、是否受限于竞业禁止和保密协议、是否符合《公司法》对高管任职或股东资格的规定等，如果不符合对股东资格的规定（比如独立董事和监事）就不宜成为股权激励对象。[21]对于核心激励对象，甚至要了解其健康状况、家庭资产状况及婚姻状况（股东若意外身亡，其股权由合法继承人继承[22]，这会引发公司股东的变化；股东若离婚引发财产分割，对方若要求平分股权成为公司股东，也会引发公司股东的变化，这些都会对公司的正常经营产生潜在的不良影响，应提前设法规避）等。

4. 激励方案摸底

对公司和潜在激励对象进行尽职调查后，可以进一步与潜在激励对象沟通激励模式（股权、期权、虚拟股权）、激励条件、股权价格和数量等具体内容，为制定激励方案做好准备。

实践中，多数企业采取混合激励的模式，即对核心骨干采取股权或条件期权激励，对部分员工如重要的销售人员初期先采取虚拟股权激励模式，业绩达到要求后晋级为期权甚至股权激励。关于激励股权数量、价格以及条件等，首先应该与原股东进行沟通，初步确定激励股权数量；同时还要考虑公司股权架构在后续融资中的演变情况以及大股东的控制权问题，确保股权激励不影响未来的融资进程；然后再与潜在激励对象进行必要的沟通和了解，避免制定出的股权激励方案不符合实际情况。

因此，在尽职调查期间，除了需要与潜在激励对象进行充分的沟通和摸底、了解他们的真实意愿、为成功地实施股权激励做好铺垫工作外，一项重要的工作是就股权架构、股权控制等问题与大股东进行充分的沟通和提醒，起到尽职义务，必要时提供针对性的解决方案，避免将来出现被动局面。

完善公司治理

1. 现有股东沟通工作

股权激励因涉及新增股东，所以是公司的一件大事，按《公司法》的规定，应该召开股东会并取得持股比例三分之二以上股东的同意。在此基础上，最好取得股东百分之百的认可和支持——转让或新增股份，原股东有优先认购权；面向员工激励的股权，通常会较市场价格有一定的折让（这样才能产生更好的激励效果），大股东应通过必要的沟通，使原股东放弃优先认购权。

2. 处理和解决经营异常

如果公司涉及行政许可证照异常及与第三方有诉讼或纠纷等

异常经营事项，应该在妥善解决之后再考虑股权激励问题，避免给股权激励工作带来负面影响。

3. 把握激励时机

公司在渡过初创期后的各个阶段理论上都可以实施股权激励，但处于上升期的公司更容易顺利完成股权激励计划。如果公司并不处在上升期，可以在寻求战略转型或实施新的商业模式前确定一个适当的时间点，借机实施股权激励，以激发员工的积极性。

4. 完善绩效管理体系

股权激励是一个有计划、按步骤实施的系统工程，为了达到激励效果，不少公司将股权激励与岗位和业绩挂钩，根据业绩完成情况分期授予股权。在这种情况下，需要提前完善组织架构并明确各岗位职责，尽快建立明确、量化的绩效管理体系（尤其是针对激励对象相关岗位的绩效管理）。其核心是要基于公司战略、相对科学、公开透明，并与激励方案有机结合。

绩效管理涉及两个组成部分：一是建立各岗位的绩效标准，二是评价手段和过程管理。绩效管理的核心是目标导向，每个岗位都应该有明确的工作目标，岗位目标基于公司整体战略并分解到各个工作岗位，在工作目标的基础上设定绩效衡量标准。目标和标准对管理者和员工来说都应是透明的，员工能充分了解自己的工作目标甚至了解相关岗位乃至公司的战略目标。员工由于充分了解，更容易激发工作热情。因此，优秀的绩效管理体系可以调动员工的积极性。确定绩效目标的方法可参考“现代管理学之父”彼得·德鲁克（Peter F. Drucker）总结的“SMART原则”[23]，它是以五个英文单词首字母命名的。

● 指标要具体（specific），不能笼统。有的公司在考核指标中列入他们认为很重要的一条：认同公司的文化。认同程度往往任由领导打分决定。这种弹性极大的标准在执行过程中很容易出问题。人力资源管理部门应会同和督促各职能部门将考核指标尽量具体化，确保考核过程公开、公平且有标准可循。

● 考核指标要可衡量（measurable），尽量数据化。这一点，生产、市场、客服等岗位相对容易做到，产量、成品合格率、销售业绩、服务数量、投诉率等均可拟定为数字化指标；管理等岗位量化起来相对难一些，可以根据具体岗位量化工作计划的执行情况和完成率等。

● 制定的目标要使员工努力后可以实现（attainable），即目标要具有合理性，既不能太容易，又不能难以达到。

● 目标要与其他指标具有相关性（relevant）。比如，针对销售经理的考核，不仅看其个人的销售业绩，还要参照其部门的业绩完成情况，这样可以激发团队精神，提高部门的凝聚力。

● 目标要具有明确的时限性要求（time-based）。

按照上述标准和原则建立的绩效目标将具备较强的可操作性。

此外，确定绩效目标前通常还要与当事人沟通，取得他们的认可，单方面设定目标可能会影响效果。在此基础上，围绕该目标制定评价标准，根据达成率等确定不同的等级或得分。

5. 完善财务管理，增加透明度

由于涉及业绩考核以及股权定价等敏感问题，公司需要增加销售业绩、财务管理等方面的透明度和可信度，最好在股权激励方案确定前，对财务报告进行合规审计。因此，建议专业机构的财务人员在准备阶段就入场尽职调查、调账、审计等，从而为股权激励方案的制定奠定基础。信，则立。取信于员工是顺利推行股权激励的重要保证，这一点需要格外重视。

6. 筛选激励对象

要在明确股权激励目的基础上初步确定激励对象。实施股权激励有汇集人才和资源、增强凝聚力、提高工作积极性、激励忠诚度等目的和作用，公司可根据具体情况采取单一激励模式或混合激励模式。总体而言，不建议实施普惠式的全员激励，全员激励的效果较差。

总之，公司在实施股权激励前应做好上述准备工作，不可仓促而为。

组建股权激励工作小组

在尽职调查、整改、制定股权激励方案的过程中，涉及大量的沟通、协调和决策工作；在股权激励方案实施过程中，需要组织召开股东会或股东大会、持股员工代表大会、股权授予仪式，进行股权变更、流转、退出，工商登记变更等一系列比较繁杂且很重要的工作。为避免占用大股东过多的时间，建议公司成立股权工作小组（召开持股员工大会期间将选举产生激励股权管理委员会取而代之）来协调组织和实施股权激励工作。公司可委派一个信得过的高管作为工作小组的领导者，对接专业机构。这样，常务工作由工作小组领导决策即可，只在必要的时候才需要大股东决策，从而可以更有效地开展相关工作。因此，当公司与专业合作机构签署股权激励合作协议后就可以着手组建股权工作小组，以确保相关工作有序、高效地进行。股权工作小组可与公司实际控制人、大股东建立定期汇报机制，需要决策的工作可以通过这种机制集中、高效地处理。这样，既能保证股权激励工作的有序和高效开展，又不过多地影响公司的日常管理工作。

10 制定股权激励方案

当准备工作完成后，在股权工作小组和相关部门的协调配合下，机构就可以着手制定股权激励方案了。

确定股权激励目的

无论做什么事，目标明确是高效的前提，股权激励工作也是如此。大股东和管理层必须明确本次股权激励的主要目的，并据此确定激励对象。通常情况下，公司实施股权激励主要有以下目的。

1. 融资解决经营等所需现金流

企业在经营过程中出现现金短缺是常态。有两种股权激励方式来缓解公司的现金流压力：

一是绑定员工薪资与分红权或期权，减少每月的工资支出，年底根据经营业绩和股权数量向员工分红。这种方式理论上说很好，但难以在多数中小企业实施。

二是以增资扩股方式让员工认购激励股权，以转让分红权方式让员工认购虚拟股权实现融资。中小企业股权激励实践中主要采取这种方式。

2. 提高公司凝聚力，激发员工积极性

对管理层和核心骨干进行股权激励，可以增强凝聚力，激发员工的主观能动性，从而提高工作效率和公司业绩。

3. 绑定公司核心资源

掌握核心技术或关键市场资源的员工或外部上下游合作伙伴在股权激励后成为公司股东，在利益关系、奋斗目标上与公司更紧密地绑在一起。五粮液、泸州老窖等酒企在推行公司期权激励计划时除了将公司高管等纳入激励对象，还把规模经销商纳入，使之与公司利益更紧密地捆绑在一起。

4. 回报忠诚的老员工

对追随公司走过艰苦创业阶段的老员工进行股权激励可以达到两个目的：

一是回馈老员工，肯定他们的历史贡献，在公司倡导忠诚文化。

二是可以让一些能力欠缺的元老从重要岗位上退下来，让位于更有能力的人，元老们持有了股权可以得到更多利益，这样就能和平地解决新老交替问题。

5. 吸引人才加盟

公司预留激励股权，可以吸引有实力的人才加入，当他们达成相应的业绩后就可以按照激励方案认购股权成为公司股东。

实践中，每次股权激励的目的未必单一，可以多个目的并行。只有明确了股权激励的主要目的，才能合理确定激励对象以及激励模式、条件等方案细节。

确定激励对象

激励目的很大程度上决定了激励对象的选择范围。公司在不同的发展阶段，对激励对象的筛选应遵循不同的原则。

初创期公司应该激励那些掌握核心技术、产品和市场资源的人，这些人是公司生存和发展必需的人才。

处于成长期和高速发展期的公司主要激励三类人：一是在市场上开疆拓土的核心高管或市场骨干，他们的业绩直接决定公司的业绩、关系到公司的发展速度；二是掌握产品或平台核心技术的人员，他们要持续迭代和研发高质量的产品，保证销售人员奋力开发市场时，不至于出现掣肘的产品技术问题；三是上下游重要的供应链或渠道合作伙伴，他们决定产品能否快速、保质交付及出货效率。

成熟稳定期的公司主要激励这两类人：一是管理层，成熟稳定期的公司最重要的是可靠的执行力，管理层（包括重要的中层管理干部）是公司一切制度和计划顺利贯彻实施的保障；二是重要的上下游合作伙伴，他们是公司产品和市场渠道稳定的基础（泸州老窖、五粮液等酒企的股权激励计划都将规模经销商纳入激励对象）。

衰退期的公司应该激励能够力挽狂澜的人才，他们能通过新的战略、产品、商业模式等使公司成功转型或重获新生，走上快速发展的新征程。

公司可根据激励目的并结合上述原则，确定最终的激励对象。此外，还应该注意两个问题：一是股权激励是自愿参与的，公司认为应该激励但个人不愿参与的，除与其进行必要的沟通、阐明利害关系外，不宜强求；二是股权激励不是发福利，尽量不要全员参与股权激励（除非公司的融资需求特别强烈），否则激励效果会打折扣。

确定激励模式

激励模式是指激励股权的类型及其体现方式。

1. 激励股权主要类型

对非上市的中小企业而言，激励股权主要有虚拟股权、期权、股权三种类型，激励方案首先要明确激励股权的类型。企业可以选择单一激励模式如虚拟股权，也可以混合进行。

- 虚拟股权。分两种类型：一是分红权，即公司的股权架构不发生变更，员工仅享有相应比例的利润分红权。由于向员工发放利润分红意味着原有股东的分红权益减少，因此采用虚拟股权激励同样需要原有股东（三分之二以上股份）表决通过，否则依然存在实施障碍。由此可见，员工的虚拟股权本质上来源于原股东的让利。二是股权增值权，通常以激励前公司的净资产为基数，当公司净资产增值、股权随之增值时，员工可以按比例享受增值部分的收益。中小企业采用虚拟股权激励时，主要以分红权为主。

- 期权。对非上市公司来说，这主要指员工达到激励条件后（分期）兑现的股权。新兴互联网行业企业如小米科技等在上市前通过期权来抵部分薪资（又称延期支付），使公司的费用支出大幅减少，财务数据（盈利能力）看起来更具吸引力。
- 股权。员工获得正式的公司工商注册股权。

从实践来看，针对不同的激励对象采取不同的激励模式可以达到更好的激励效果，即几种模式结合起来实施较好。

2. 激励股权体现方式

此即激励对象认购的股权以哪种形式体现，包括直接成为公司注册股东、个人代持股权、持股平台代持股权等。

（1）直接成为公司注册股东。这种方式的好处是一步到位，缺点也显而易见：

一是如果激励对象的股权数量发生变化甚至因离职、被辞退等导致股权被收回，则需要频繁进行工商登记变更；这个过程中如果激励对象不配合办理股权变更手续，会给公司股权管理埋下隐患。

二是《公司法》规定，有限责任公司和有限合伙企业的股东人数上限为 50 人，超过这个数量则无法办理工商注册。因此，当激励对象人数超限时，即使想采用这种方式也难以实施。

因此，从实践的角度，不建议采取激励对象直接成为公司注册股东的方式。

（2）个人代持股权。这种方式是指激励对象的股权由大股东或指定代理人代持。其优点是即使激励对象的股权发生变化也不影响工商注册，避免了频繁变更工商登记的问题；此外，对于规模较小的公司，这种处理方式短、平、快，对于规模较大的公司，则可以规避 50 人注册股东上限的规定。另外，激励对象签署了股权代持协议并按要求出资，则股权代持方式是受法律认可和保护的。[24]

但对激励对象而言，股权代持方式确实存在潜在的利益受损风险：

首先，当股权被代持的激励对象试图主张自己的股权还原（成为公司正式注册股东）时，必须取得公司其他股东半数以上同意。[25] 法律上虽认可实际出资人的权利主张，但要想将该权利履行正式的登记手续却有相当的难度！

此外，当股权代持人将代持股权质押或抵押而引起债务纠纷甚至出现股权被司法冻结的情况时，激励对象的权益会受到侵害。

因此，通常不建议采用个人代持股权方式。除潜在的利益风险外，这种方式容易降低激励对象对公司股权激励计划的信任度。如果一定要以代持方式实施股权激励，则股权代持人应与激励对象签署明确的协议，约定代持人擅自处分代持股权或不当行使权利时，应承担严苛而明确的违约责任、违约赔偿金等，以保护激励对象的权益。

（3）持股平台代持股权。通过持股平台代持股权是股权激励实践中最常用的方式。

持股平台有两种形式：一是有限责任公司（适用《公司法》）；二是合伙企业（适用《中华人民共和国合伙企业法》，以下简称《合伙企业法》）。

有限责任公司或有限合伙企业有上限 50 人的股东人数限制，激励对象数量超过 50 人的公司不适合采用有限责任公司或有限合伙企业作为激励股权持股平台。这种情况下，可考虑采用合伙人数量不受限的特殊普通合伙企业。[26]

用合伙企业作为持股平台相比有限责任公司的另一个优势是税收优势：当激励对象转让股权获得收益后，以有限责任公司作为持股平台需要先缴纳公司所得税再缴纳个人所得税，而合伙企业只需承担个人所得税，税负更低。

与有限责任公司相比，用合伙企业尤其是有限合伙企业作为持股平台应注意两点：

一是有限合伙企业的股东分为普通合伙人（GP）和有限合伙人（LP），其中 GP 享有企业的管理和控制权，GP 可以不实际出资，LP 必须实际出资。[27]

从角色定义来看，激励对象适合做 LP，公司大股东适合做 GP，但如果这样做就衍生出一个问题：公司大股东做 GP 缺乏合理的逻辑。这个平台是代替激励对象持股的，意味着应该由激励对象掌控，除非在股权协议中约定激励对象让渡投票表决权给大股东，才会具备合理性。

不管怎样，大股东作为持股平台的 GP，最大好处是借助合伙企业建立控制架构，由于自己是合伙企业的代言人，因此掌握了合伙平台的投票表决权，从而增加、放大了自己的投票表决权，进一步巩固了公司控制权。

假设股权激励实施前大股东直接持有公司股份 67% 实现绝对控股，增发 10% 股份用作激励股权，则增发后，大股东持股比例降至 67%÷110%=60.9%；激励股权占比 10%÷110%=9.09%，如图 10-1 所示。

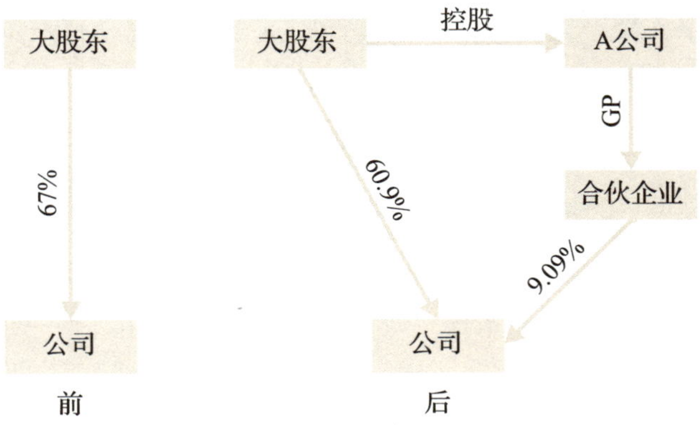

图 10-1　股权激励前、后公司控制架构变化示意图

由于大股东控股的 A 公司成为合伙企业的 GP，成为合伙平台的实际管理和控制者，因此，合伙企业持有的 9.09% 股权的投票表决权由大股东掌控。这样，股权激励后，大股东持股比例虽然被稀释，但叠加持股平台后合计掌控的投票表决权比例不降反升，达到 60.9%+9.09%=69.99%。

这就是合伙企业作为持股平台的优势：可以放大、强化大股东的控制权。

激励对象直接成为工商注册股东、有限责任公司作为持股平台均无法达到这样的效果。因为有限责任公司各股东按所持股份比例行使权利，所以大股东就失去了这部分激励股权的投票表决权。要想获得，只能在激励股权投资协议或公司章程中规定激励对象让渡投票表决权给大股东。

二是大股东作为合伙平台 GP 就承担了无限责任。承担无限责任相对来说风险较高，创业的最后一堵防火墙就是在大股东与家庭或个人资产之间设置一道隔断，这个隔断就是有限责任，即使创业失败了也不影响个人其他资产；而无限责任就使这一屏障消失，风险系数急剧增加。有没有一个解决方案，使得大股东既能够行使 GP 的控制权，又不承担无限责任呢？其实这个解决方案是存在的：由大股东控股的有限责任公司做合伙企业的 GP。这样，问题就迎刃而解了。如图 10-1 所示，GP 的一切风险由大股东控股的 A 公司（有限责任）完全隔断，不会涉及大股东的个人资产。

确定激励股权价格

股权激励的价格方案通常有三种：

一是赠予，即原股东向激励对象赠予股权，适用于为公司发展做出巨大贡献的员工。

二是技术或资源入股，指以专利、技术发明或核心市场关系等资源作为出资方式，主要适用于高新技术企业的核心技术人员和对公司市场有垄断性影响力的市场人员或核心渠道合作商。这种方式需要评估技术等资源的价格并与相关对象进行沟通和协商。

三是定价发行，这是最常见也是公司期望的方式，合理的定价既能起到激励的作用，又能实现融资，一举两得。确定股权价格涉及多方面的工作，如前面提到的财务规范性工作，通过规范财务、调账和审计等确定公司的净资产、净利润等具体财务指标，进而为科学定价奠定基础；通过对公司战略和商业模式、盈利能力、产品技术、人员等的尽职调查，可以初步确定公司未来的发展趋势，为合理定价、保护原股东的利益奠定基础。

通常情况下不建议以赠予方式进行股权激励，除非该对象确实在技术或市场等方面对公司产生决定性的影响。为什么不建议赠予呢？首先，免费的东西往往不被珍惜，激励效果会差；其次，如果员工的确重要且贡献巨大，那就通过评估、作价入股成为公司股东，这样对员工的激励效果可能更好；最后，赠予股权增加税务风险，当员工转让股权时，由于溢价过高无论原股东还是员工，都面临高额课税风险。

下面以一个企业的案例来演示股权定价（市盈率法）的过程，供参考。

|案　例|

某公司股权激励定价过程

从公司调整后的资产负债表摘要（见表10-1）可以看出，其股东权益即净资产为1 519.46万元。股份有限公司（或者有限责任公司实施股改时）就是参照净资产的规模确定公司的股份总数。拟实施股权激励的有限责任公司也可参照、确定公司的股本规模。

表10-1　调整后的资产负债表摘要　　单位：万元

流动资产：		流动负债：	
货币资金	1 520.94	短期借款	
交易性金融资产		交易性金融负债	
应收票据		应付票据	70.45
应收账款	15.17	应付账款	338.40
预付款项	35.58	预收款项	531.48
其他应收款	16.64	应付职工薪酬	3.66
存货	58.99	应交税费	1.558 3
合同资产		其他应付款	112.84
一年内到期的非流动资产		一年内到期的非流动负债	

续表

流动资产合计	1 647.32	流动负债合计	1 091.29
非流动资产：		非流动负债：	
债权投资		长期借款	
其他债权投资		应付债券	
长期应收款		长期应付款	4.243 5
长期股权投资	90.96	预计负债	
其他权益工具投资		递延收益	
其他非流动金融资产		其他非流动负债	19.31
投资性房地产		非流动负债合计	
固定资产		负债合计	1 114.85
在建工程	1.589 3	所有者权益：	
无形资产	135.70	少数股东权益	14.39
开发支出		实收资本（或股本）	194.00
商誉		资本公积	943.16
长期待摊费用	170.95	其他综合收益	
递延所得税资产	6.142 3	盈余公积	56.79
其他非流动资产		未分配利润	311.12
非流动资产合计	986.99	股东权益合计	1 519.46
资产总计	2 634.31	负债和股东权益合计	2 634.31

从表 10-1 和表 10-2 可以得到两个重要的数据：年末净资产为 1 519.46 万元、净利润为 170.443 万元。

表 10-2　某公司调整后的利润表摘要　　单位：万元

一、营业收入	2 746.57
减：营业成本	2 214.55
税金及附加	32.16
销售费用	144.60
管理费用	155.19
研发费用	
财务费用	−2.578 4
加：其他收益	
投资收益（损失以“-”号填列）	
资产减值损失（损失以“-”号填列）	−0.265
二、营业利润	202.91
加：营业外收入	0.851 4
减：营业外支出	1.674 5
其中：非流动资产处置损失	0.080 5
三、利润总额	202.09
减：所得税费用	30.31
减：少数股东损益	1.337
四、净利润	170.443

将公司的净资产划分为股份，则公司的总股本定为 1 520 万股（1 元 / 股）。每股收益 = 净利润 ÷ 总股本 =170.44 ÷ 1 520=0.11 元 / 股。

公司所属行业 A 股上市公司当前的平均市盈率为 35.76 倍，综合考虑到激励效果并充分调研有关激励对象后，确定激励股权的最终定价为 1.5 元 / 股，市盈率不到 14 倍。

关于市盈率法估值的原理、修正及其详细操作步骤，在“股权融资”部分有详细描述，在此不再赘述。

确定激励股权数量及其来源

激励股权数量涉及的因素比较多。

通常，公司用于内部股权激励的股份数量不宜过大，主要因为：

一是公司早期股权价值相对低，释放过多股权有损原股东利益且有可能影响大股东未来的控制权。

二是激励股权数量过大将摊薄公司单位收益指标，影响后续融资时的股权定价；此外，由于股权激励通常定价不高，如果不久后要实施对外融资采用公允定价且所定价格较股权激励定价高，其价格差在会计上将作为股份支付费用计入，此时激励股权数量过大，很可能冲减公司利润甚至导致账面亏损。

三是虽然国家有关法律没有明确规定激励股权数量或占比，但仍有一些政策性文件可供参考。

1. 非上市公司激励股权数量的有关规定

我国现行《公司法》等相关法律没有明确规定非上市公司激励股权的总量，但有三个政府文件可供参考：

《中关村科技园区管理委员会关于中关村国家自主创新示范区股权激励改革试点工作若干问题的解释》第四条规定，公司全部有效的股权激励计划所涉及标的股权总数累计不得超过公司股本总额的10%……任何一名激励对象通过全部有效的股权激励计划获授的本公司股份累计不得超过公司股本总额的1%……

《国有科技型企业股权和分红激励暂行办法》（财资〔2016〕4号）第十条规定，大型企业的股权激励总额不超过企业总股本的5%；中型企业的股权激励总额不超过企业总股本的10%；小、微型企业的股权激励总额不超过企业总股本的30%，且单个激励对象获得的激励股权不得超过企业总股本的3%。

《关于国有控股混合所有制企业开展员工持股试点的意见》第三条规定，员工持股总量原则上不高于公司总股本的30%，单一员工持股比例原则上不高于公司总股本的1%。

2. 原有股东的意愿

原有股东的意愿非常重要，在实施股权激励前需要达成一致。股权激励意味着原有股东所持股份被稀释，持股比例缩小，因此非常有必要结合股权架构的发展趋势、融资需求等因素综合考虑后商定激励股权数量。原股东达成一致、支持激励方案的实施并放弃优先购买权有助于推进有关工作，否则需要相当的协调工作量，毕竟《公司法》赋予了原股东优先购买权，如果原股东执意参与股权激励，至少在法律层面并无瑕疵。

3. 激励对象的经济承受能力

除了站在公司的角度考虑激励股权的数量外，还要站在激励对象承受能力的角度考虑，要保证他们负担得起。

4. 股权架构、控制权的综合考虑和规划

激励股权的数量在综合考虑国家有关文件规定、融资需求、激励对象的承受力基础上，也不可忽略股权架构和控制权的因素。如果激励股权比例过高，未来随着股权融资的实施，大股东很可能快速失去控制权，因此必须提前规划控制权问题，随着激励方案一并实施到位，避免日后出现意外。

激励股权的来源无非两个：一是原股东转让；二是增加股东并扩大注册资本（俗称增资扩股）。无论哪种方式，都需要原股东达成一致、放弃优先认购权。原股东转让导致股份稀释速度更快，且注册资本并不增加，达不到为公司融资的目的，因而多数案例采用增资扩股的方式完成股权激励。

仍以前述激励股权定价案例为例，公司净资产规模为 1 520 万元（股），激励前共有两个股东，分别持股 85% 和 15%，如果采取原股东转让方式，假定由大股东转让 10% 用作股权激励，则

公司股权结构变更为 75%+15%+10%；如果采取增资扩股方式，增发 10% 即 152 万股，则公司在股权激励后股本规模变为 1 672 万元（股），大股东持股比例降至 85%×1 520÷1 672=77.27%，二股东持股比例降至 15%×1 520÷1 672=13.63%，员工持股比例为 10%×1 520÷1 672=9.1%。可见，增资扩股的方式更有利于大股东。

激励股权的价格和数量确定后，就可以计算出方案正常实施后可以融到的资金规模为 152 万股 ×1.5 元/股 =228 万元。

确定激励条件

激励条件包括行权条件（包括绩效考核条件）、股权解锁条件以及与其匹配的时间条件等多个内容。这些内容并不是孤立的，彼此之间甚至密切相关，并与公司的绩效考核体系紧密结合，是激励对象获得股权的重要前提，除写入股权激励方案外，还应该写入股权协议。

多数案例在实践中按绩效考核情况分期授予激励股权，因此，制定、完善绩效考核体系，设定双方认可的业绩考核指标、考核期限、股权授予条件、数量等是股权激励方案成功实施的重要基础。

1. 行权条件

行权条件与绩效考核体系挂钩时，绩效考核指标的制定和实施要遵循公平、合理、明确的原则，激励对象达到相应的条件后就可以获得对应数量的股权，并办理相应的手续。确定条件指标时一定要确保可达到，不能将条件定得太高导致难以达到，从而失去激励的意义。

同时应该重视的是，还要站在原股东的角度考虑激励条件——原股东的股份比例因为激励方案的实施而降低，那么，相关条件的计算就要在其原有利益基础上相应提高。

例如，假设实施股权激励后原股东股份被稀释到 90%，那么，公司新一年度的业绩指标至少要提高 11% 才能确保原股东的权益达到上一年度的水平。这意味着绩效指标至少增长 11% 才合理。如果公司所处行业及市场竞争环境等导致公司暂时处于走下坡路的状态，那么这样的激励条件对激励对象而言就缺乏吸引力，因为难以达到。此时，激励方案就很难实施。

实践中也有不设条件的激励案例。有些处于新产品上市、转型期的公司，大股东为了回馈核心骨干和老员工，激励方案没有采取条件期权的方式，而是直接一步到位授予正式股权，没有挂钩业绩指标。

因此，激励条件的设定总体上是一个综合平衡问题，但因各公司以及公司在不同发展阶段的情况各异，在实践中需具体问题具体分析。

2. 解锁条件

解锁条件通常有两种设定方式：一是锁定年限届满；二

是激励对象绩效突出，超过设定的高标准绩效条件，作为一种奖励措施，允许激励对象的股权解锁、参与流转甚至退出获益。

年限式解锁条件的设定要与公司所处的发展阶段、战略规划相匹配，最好能保证股权在锁定期间稳定升值，使激励对象既享受分红收益又收获股权增值收益，否则锁定条件以及激励的意义就会大打折扣。

3. 时间条件

此项包括股权激励方案启动时间、等待和授予时间、行权时间、锁定时间、限售时间等。

- 股权激励方案启动时间。股权激励是公司发展过程中的战略性事项，公司必须予以重视并使各个必要的环节充满仪式感和荣誉感，从而在公司建立合伙文化，增强激励对象的主人翁责任感、荣誉感和凝聚力。因此，有必要通过正式而庄重的仪式宣布股权激励方案的启动。举行该仪式的时间即为启动时间。
- 等待和授予时间。其长度要考虑激励对象的心理承受力及效果。如果激励股权根据业绩完成情况分期授予，那么分期过多、时限过长，激励的效果就会打折扣。此外，等待时间的长短还要与公司主要业务的账期如销售回款周期相结合，因为账期会影响激励对象个人的销售业绩及整个公司的财务数据。授予时间则要考虑办理有关股权变更手续所需要的时间周期。

- 行权时间。该时间是指激励对象按照激励计划完成股权购买的时间。一般情况下，在限定时间内没有缴齐股权款项将约定为自动放弃激励股权。应当引起重视的是，如果激励对象未缴款导致放弃激励股权，将可能违反持股平台合伙企业“入伙协议”甚至违反《合伙企业法》的相关规定。[28]

- 锁定时间。此即锁定期或禁售期，是指激励对象获得股权后不允许出售的年限。不少公司将这个时间设定为三年或五年。其实公司应该根据自己的发展计划来确定这个时间，不能机械照搬（包括等待和授予时间）。例如，假如公司在三五年内有上市计划，那么公司的性质就发生了变化，股权激励方案的周期可能会与上市工作产生冲突，并可能与上市公司关于股票禁售、限售的规定产生矛盾。

- 限售时间。此即限售期，通常激励股权（包括上市公司的增发股份等）解锁后，公司不会允许激励对象一次性出清股权，而要分期进行，这段时间就是限售时间。在限售期内，激励对象可以分期转让解锁的股权。股权转让应参照《公司法》（现有股东有优先购买权）、《合伙企业法》的相关规定实施。[29]

确定激励机制

激励机制主要包括行权机制、股权分红机制、股权流转与变更机制、股权退出机制。这部分内容的主要作用是防患于未然，公司大股东应格外重视。

1. 行权机制

当激励对象达到激励条件时，就启动了行权机制。在激励对象正式行权之前，股权激励工作小组（包括法律部门）需再次审核激励对象的资质，包括：绩效考核和激励条件的完成情况；激励对象的合规情况——是否存在违法、违规行为；激励对象的角色合规情况——是否存在《公司法》中规定的不允许成为公司股东的情形，以及是否存在不允许成为公司股权激励对象的情形等。

审核无误后，如果激励方案采取一次激励到位的方式，就可以与员工签署相应的法律文件，员工按股权数量和价格支付款项，随后办理工商登记变更手续。若通过合伙企业以持股平台的方式代持激励股份，则涉及持股平台注册、确认各合伙人的份额等工作。法律文件分别涉及当前公司的股权转让（或增资扩股）协议、公司章程以及持股平台的入伙协议等。在相关手续办理完成后，应该进行公示，以激发激励对象的荣誉感和归属感。

如果激励方案采取分期行权的方式，则可行权一次变更一次持股平台；或实行前期指定代持（需要签署股份代持协议），全部行权后一次性变更持股平台的方式。

在实施过程中，难免有延期行权、提前行权和终止行权等情况发生，因此除了正常行权机制以外，还要考虑异常情况下的处理机制，并在相关协议中明确：当公司遭遇并购等交易性事件并按投资人要求锁定当前股权时，就会触发延期行权甚至终止行权机制；当激励对象在考核期为公司做出突出、重大贡献时，有可能提前行权；当激励对象暂时因资金困难或病假等提出延期行权申请并获批准时，会启动延期行权机制；当激励对象因违规、违法而辞职或被辞退等时，将启动终止行权机制。

2. 股权分红机制

分红如何与绩效考核挂钩？实践中，采用虚拟股权即分红权激励时，分红权的兑现通常与绩效挂钩，为此就需要根据激励对象完成业绩的情况等制定分红权的换算机制。

到底年终一次性分红还是每半年分红？具体可根据公司盈利状况确定。当公司盈利能力较强时，可采取每半年分红一次的机制。根据公司的财务报表，计算出每股分红权代表的权益，再结合绩效挂钩机制计算出每个激励对象的分红收益。

分红是一次性给到激励对象（代扣代缴所得税）还是按月计发？不同公司在实践中采取的办法各不相同。有的按月计发，一方面可为激励对象节省个人所得税，另一方面可减轻公司的现金流压力；有的则在年中计算出分红金额后暂不发放，作为借款给公司周转，年终时计算利息后一并结算……

3. 股权流转与变更机制

正常情况下，当激励股权的解禁期结束后，就进入可流转状态。《公司法》就有限责任公司规定：

第七十一条　有限责任公司的股东之间可以相互转让其全部或者部分股权。

股东向股东以外的人转让股权，应当经其他股东过半数同意。股东应就其股权转让事项书面通知其他股东征求同意，其他股东自接到书面通知之日起满三十日未答复的，视为同意转让。其他股东半数以上不同意转让的，不同意的股东应当购买该转让的股权；不购买的，视为同意转让。

经股东同意转让的股权，在同等条件下，其他股东有优先购买权。两个以上股东主张行使优先购买权的，协商确定各自的购买比例；协商不成的，按照转让时各自的出资比例行使优先购买权。

公司章程对股权转让另有规定的，从其规定。

这一条涉及几个要点：有限责任公司的股东之间相互转让股权无障碍；向股东以外的人转让股权，同等条件下，其他股东享有优先购买权并应经其他股东过半数同意；公司章程可以规定股权转让办法并受《公司法》支持。

因此，如果公司章程中详细规定了股权转让的具体办法，激励股权的流转则可参照其规定执行。否则，由于股权流转有可能影响控制权，必须预先规范激励股权的流转。例如，由大股东或公司兜底回购，或通过员工持股大会等征集受让对象流转。专业机构的主要任务是协助企业区分各种股权流转情形下的流程和模板文件。

激励股权的流转由公司股权管理机构组织实施，正常情况下的流转主要包括四个步骤。

首先，征集股权受让方。股权受让方通常应是现有激励对象（尚有购买额度者）和原股东。为了达到激励效果，也可以纳入满足股权激励条件的新对象，但按照《公司法》上述规定，需要其他股东过半数同意。为了避免控制权失控，股权受让方应在相对严格的范围内确定，避免因自由交易而造成不可控的后果。例如，转让给公司以外的第三方时，即使其他股东同意，对方如果不及时配合办理股权变更手续也会给股权管理带来额外的工作量和难度。因此，应谨慎选择公司以外的第三方作为激励股权的受让方。如果没有征集到有效的受让方，可由大股东或公司兜底回购，这种情况下均需对公司章程等进行工商登记变更，因为大股东的持股比例等发生了变化。

其次，确定股权交易价格。在确定受让方后，既可由交易双方自行商定价格，也可由受让方竞价（受让方有多位的情况下），或者由公司确定交易价格，如根据当期的净利润并结合上一年度经审计的财务报告，给出评估价格。

再次，交易对象和价格均确定后，激励股权管理机构需进行合规合法性审核，例如股权流转是否符合《公司法》和《合伙企业法》的有关规定，流转方是否满足了股权激励方案的流转条件，受让方如果不是原股东，是否经其他股东过半数同意、是否满足股权激励方案中激励对象的条件和激励数量要求等，确认无误后提交股权流转说明书供董事会和股东会审批，交易完成后才能进入实施环节——股权变更。

最后，激励股权管理委员会管理股权变更。如果股权的流转发生在现有合伙人之间，则由激励股权持股平台（合伙企业）的普通合伙人来组织变更相关对象入伙份额；如果发生在现有合伙人与原股东之间，则除了变更转让者的入伙份额，还需要变更公司章程和注册资本，因为原股东的股权比例发生了变化；如果发生在现有合伙人与新的对象之间，则需要变更持股平台，因为有新的合伙人进入。

有的公司根据员工职级确定其获授激励股权数量，在这种情况下，当有激励对象发生职级升降时就会触发股权流转机制：升职会发生增加购买一定数量股权的情形，降职则会发生出让一定数量股权的情形。前者需要寻找可受让的主体或增发股权（如果增发股权，则仍需要走一遍流程，包括股东会表决以及公司和持股平台的工商登记变更等）；后者则需要征集股权受让方。

4. 股权退出机制

激励对象的退出通常分为无责和有责两种情况。

无责退出是指激励对象非因违反国家法律或公司规章以及工作过失等退出股权。包括激励对象在劳动合同期满后辞职，个人原因如长期患病导致劳动合同终止、离婚或涉诉需要强制分割财产、意外失踪或死亡（触发继承权可导致公司股东变化）等。

有责退出与无责退出相对应，是指激励对象因违反国家法律或公司规章制度以及工作过失等自身过错而导致退出。有责退出的情形需尽可能考虑详尽以避免在意外情况发生时陷入被动。主要包括以下情形：违反法律（被追究刑事责任，收受贿赂，挪用、侵占公司资金或财产，以及其他利用职务之便谋取私利等情形）；出现《公司法》规定不允许担任公司董事、监事、高管和股东的情形；违反保密协议或同业竞争禁止协议中的有关条款给公司利益造成损失；劳动合同期内辞职；因过失、过错被公司提前解聘、辞退和除名……有责退出通常为临时性事件，且需要在短时间内完成股权退出流程，在实践中往往由大股东、持股平台的普通合伙人或公司强制回购以节约时间和避免不必要的麻烦。当有责退出情形发生后，退出股权的受让价格往往会体现出一定的惩罚性，包括受让价格的定价偏低（有公司采取原价或者原价与当期净资产价格二者较低者）、分期或延缓给付退出款项、扣减分红甚至扣减股权款项以弥补给公司造成的损失等。但这些情形需要提前在协议中约定，以避免激励对象遭遇上述惩罚后发起诉讼。

股权退出机制的设计是典型的未雨绸缪，也是股权激励机构法律专业性的重要体现，完善的设计能为公司规避不必要的风险和麻烦。

11 股权激励方案实施

股权激励方案在公示和实施前均需经董事会和股东会或股东大会批准和表决通过。

股权激励实施阶段由公示、持股员工大会、签订协议实施方案、办理工商登记变更手续等过程组成。

公示、答疑、调整

作为公司发展历程中的一件大事，本着公平、公开原则并激励那些还没有入选的员工，实施股权激励前一定要公示，在激励的同时也起到监督的效果。公示过程包括公示股权激励方案和激励对象两部分。

公示期间，如果有人对方案或个别激励对象存在异议，或者希望某些人增补成为激励对象，股权工作小组可向公司高层反馈，如果有必要调整，可以在调整后报经董事会和股东会或股东大会批准和表决，然后再次公示。

1. 公示过程注意保密问题

如果激励方案涉及公司的商业秘密，公示过程中就要注意保密问题，不允许员工随意取阅或打印，只能在公司固定张贴位置查看，且不允许拍照。

2. 公示过程的答疑工作

公示过程中，合作机构专业人员应该保证有充裕的现场办公时间来解答员工提出的问题。有的问题是非常基础性的，有的则是非常细致的、专业性的，专业人员应提前做好功课，现场解答清楚。例如：

激励对象确定的依据是什么？（为什么我没有成为激励对象？）

成为公司股东后有哪些权利？

持有虚拟股权有哪些权利？

什么时间能获得公司分红？分红引起的个人所得税增加怎么处理？

为什么通过持股平台持股而不是个人直接成为工商注册股东？

如果公司未来的经营出现问题怎么办？如果离职了怎么办？

股权激励方案的实施由谁来监督执行？

股权价格是怎样确定的？

通用性问题可以 PPT 形式做统一宣讲和培训，解决大部分人的疑问；个别问题可以采取针对性答疑的方式，这样可以提高效率。宣讲和答疑的具体地点和时间等，由公司具体组织和安排，高层管理人员应全部到场以示重视，并可以详细解答有关问题。在整个过程中，股权工作小组应安排专人记录，会后以会议纪要的形式存档备查。

通知与缴款

公示期结束后，股权工作小组向激励对象下发《激励股权授予通知书》或《虚拟股权考核、授予办法》。

激励对象接到通知后，应在规定时间期限内缴纳认购资金。未按时缴纳认购资金的视为放弃激励股权。

持股员工大会及协议签署

激励对象缴款后，即可组织召开持股员工大会，并现场签署相关协议。之所以将协议签署环节放在员工持股大会进行，主要是为了强化股权激励的重要性和仪式感。建议公司高度重视此会议，强化其仪式感，使员工产生强烈的心理暗示，感受到公司对股权激励方案的重视以及实施股权激励对公司战略发展的重要意义，提升激励对象的荣誉感、自豪感和责任感，为倡导合伙文化奠定坚实的基础。

1. 会议准备工作

会议准备工作中，除了会场及流程安排等外，有三项重要内容务必落实到位：

一是必须确保每一个激励对象本人出席持股大会。因为大会的重要内容之一是签署相关协议以及在公司章程或合伙文本中签字，这些都必须由本人签署，别人无权代签。

二是准备齐全相关的资料和法律文件。具体内容包括新的公司章程、股权激励实施协议、增资扩股协议（持股平台与公司签署，认购增发的股权）、虚拟股权认购协议（有虚拟股权激励时需要）、入伙协议（通过持股平台持有增发股份时需要）、保密协议和同业竞争禁止协议（若激励对象之前与公司签署过且没有需要补充或更新的内容，可忽略）等。

三是拟定激励股权管理委员会的候选人名单，会议期间将由激励对象投票、选举产生激励股权管理委员会的正式成员。激励股权管理委员会候选人由股东会、董事会提名，通常包括公司实际控制人、高级管理人员或其他股东代表、1 ～ 2 名激励对象代表等。

2. 会议的主要内容

本次会议由公司新老股东共同出席，事实上是公司实施股权激励方案的首次股东会。

第一项内容是由公司实际控制人代表原股东和公司决策层讲话，阐述股权激励的意义和公司未来的发展战略和目标，较详细地介绍公司目前的经营和财务状况以及股权激励方案中增发股权和虚拟股权等的情况，激励新股东再接再厉，为公司发展做出更大的贡献。

会议的第二项重要内容是由新老股东投票选举成立激励股权管理委员会，以取代股权激励工作小组。通常，选举实行差额选举制度，由全体参会股东半数以上甚至三分之二以上通过方为有效。此后，激励股权管理委员会领导和组织实施股权激励方案。

会议最后一项内容是现场签署相关协议、文件并颁发股东证或期权证，工作小组全程要安排好摄像、摄影等工作。会后要生成股东会、股东大会决议文件存档。

条件或虚拟股份兑现

分期兑现或与绩效挂钩的股权或期权，在激励对象达到激励条件后执行激励股权授予流程，包括上报董事会和股东会或股东大会审议、批准、下发《激励股权授予通知书》并签署相关协议等。

工商手续

股权激励实施过程中涉及员工持股平台（合伙企业）的注册和当前公司的工商登记变更工作。首先应完成持股平台的注册，安排激励对象按照各自的持股金额（不含虚拟股权）签订入伙协议并办理工商登记，成为持股平台的（有限）合伙人。办理完成持股平台的工商注册手续后，再变更当前公司的章程、注册资本、股东等。

激励股权购买资金缴纳过程中，如果个别激励对象有资金周转困难，则可能触发异常处理机制。在实际操作中，建议出资时限不要太紧，以免激励对象缴款困难引发退出。

激励股权实施过程管理

此工作包括方案实施过程中正常和异常情况的处理。

（1）激励对象因在指定期限内未达到业绩考核标准要求导致授予的条件股权或虚拟股权数量减少时，应按实际应授予数量下达《激励股权授予确认通知书》并办理缴款等相关手续。

（2）股东会决议对上一年度的经营利润进行分红时，各激励对象按所持股权比例和获授虚拟股权比例合并计算应分红的所得。

（3）当公司有新加入或晋升的高管需要增发股权时，激励股权管理委员会应拟定补充方案，将需要增发的股份方案上报董事会和股东会或股东大会审批和表决，获通过后按既有流程实施。

（4）激励对象与公司的劳动合同期满后，公司不再与其续约、激励对象在劳动合同期满后辞职以及激励对象因个人原因（包括但不限于长期患病、丧失劳动能力或民事行为能力、意外失踪或死亡等）导致劳动合同终止，其已行权的激励股权应在办结离职手续前转让给持股平台普通合伙人；未行权的激励股权不得行权，未授予的激励股权亦不再授予。

（5）激励对象因个人原因（包括但不限于离婚、偿债、涉及诉讼等）需要强制分割财产时，其已行权的激励股权（或其投票表决权）应转让给持股平台普通合伙人。

（6）激励对象在公司累计服务满 3 年并从公司退休的，有权在离职时保留其激励股权；但转让时应符合《公司法》和公司关于股权流转的约定。

（7）激励对象发生下列情形之一的，其已授予的激励股权将不超过原价强制收回，未行权部分不再授予，激励对象需无条件执行：

- 违反国家法律、法规或公司章程、制度等规定，给公司造成重大经济损失的。
- 被司法部门依法追究刑事责任的。
- 收受贿赂或接受第三方与公司（及相关企业）交易的佣金归为已有的。
- 盗窃、挪用或侵占公司（及相关企业）财产（包括但不限于资金、设备、土地、房产等）的。
- 擅自将公司（及相关企业）资金或设备借给第三方的。
- 擅自以公司（及相关企业）财产（包括但不限于资金、设备、土地、房产等）为第三方担保的。
- 擅自与第三方签订合同或进行交易的。
- 利用职务之便为他人或第三方谋取属于公司的商业机会或经营同类或相近业务的。
- 在与公司（及相关企业）有竞争关系的同类企业任职、兼职、收取顾问或咨询等服务费用的。

● 投资与公司（及相关企业）有竞争关系的非上市同类企业的。

● 违反保密协议约定将公司（及相关企业）秘密泄露给第三方、给公司造成经济损失的。

● 因故意或重大过失给公司（及相关企业）造成经济损失的。

● 因故意或重大过失等被公司提前解聘、辞退、除名的。

● 符合《公司法》规定的不允许担任公司董事、监事、高级管理人员情形的。

（8）激励股权解禁后，部分或全部进入可流转状态。但一般不允许虚拟股权流转。其他激励股权的正常流转，参照以下原则和流程：

《公司法》规定，股东享有优先购买权；同时，由于股权流转可能影响股权控制或引发新增外部股东等问题，因此买方应限定为公司现有股东或拟纳入下一期股权激励的对象。

激励股权的正常流转包括四个步骤。

一是征集股权受让方。受让方应从现有股东和拟纳入新一期股权激励的员工或公司认可的第三方（如供应链或市场渠道资源拥有者等）中征集。如果没有征集到有效的受让方，可由大股东、公司或持股平台普通合伙人兜底回购。这种情况下需要变更公司章程等，因为大股东的持股比例等发生了变化。

二是确定股权交易价格。在确定受让方后，交易价格可由交易双方自行商定。如果受让方有多个，也可以由受让方竞价，价高者得。公司可根据财务数据提供交易参考价格。

三是交易对象和价格均确定后，激励股权管理委员会进行合规合法性审核。例如股权流转是否符合《公司法》和《合伙企业法》的有关规定，流转方是否满足了股权激励方案的流转条件，受让方如果不是原股东是否满足股权激励方案中激励对象的条件和激励数量要求等。确认无误后向董事会和股东会或股东大会提交股权流转说明书供审批，批准后才能进入第四个实施环节——股权变更。

四是激励股权管理委员会组织实施股权变更。股权流转如果发生在持股平台合伙人之间，则只需要变更入伙份额；如果发生在现有合伙人与原股东之间，则除了变更转让者的入伙份额，还需要变更公司章程，因为原股东的股权比例发生了变化；如果发生在现有合伙人与新的激励对象之间，则需要变更持股平台，因为有新的合伙人进入。

12 实施股权激励参考范本

按照《公司法》的规定，股权激励方案因涉及新增注册资本，在正式实施前需要股东会表决通过，形成具有法律效力的股东会决议。[30]

下面以 X 公司实施股权激励为例，提供股权激励方案及主要协议范本供参考。

X 公司首期股权激励方案中未包含期权，采取了股权 + 虚拟股权混合激励的模式。

《X 公司股权激励方案》参考范本

1. 术语定义

（1）股权：本方案的股权是指 X 公司的股权，即 X 公司在工商登记部门登记注册的正式股权。

（2）虚拟股权：是指不在工商部门登记注册的、不享有普通股的其他权利但享有公司分红权的股权。

（3）期权：本方案的期权是指符合特定时间和业绩等条件后可按特定价格购买公司特定数量股权的权利。

（4）激励股权是指本方案涉及的股权和虚拟股权。

（5）股权激励：是指 X 公司推出的一种长期机制，该机制通过向符合条件者出售和转让激励股权而使之与公司利益更紧密地捆绑，形成利益共同体，推动公司高速发展。

（6）激励对象：是指符合和达到 X 公司股权激励条件的个人或组织。

（7）行权：是指按照条件约定购买公司股权。

（8）禁售期：是指在此期间，激励股权被锁定和禁止转让、出售，不得用于担保、质押、偿还债务，以及做出其他未经股东会批准的处置方式。

（9）流转：是指激励股权的转让。

（10）退出：是指激励对象放弃购买或转让全部激励股权。

（11）限售期：是指激励股权禁售期满后可分批次解禁、流转的期限。

（12）解禁日：是指激励股权解除禁售，可以开始流转的时间。

（13）持股平台：是指为持有和管理激励对象购买的 X 公司股权而设立的中国境内有限合伙企业。普通合伙人是指对该持股平台执行合伙事务并对其债务承担连带责任者；有限合伙人指以出资额承担有限责任且不能对外代表该持股平台的激励对象。

2. 目的和指导原则

本激励方案的目的是激发激励对象的主人翁责任感，建立与公司的竞争和发展战略及未来经营业绩紧密捆绑的长期激励机制，使公司在人力资源、薪酬、绩效体系等方面确立竞争优势。主要包括：

（1）通过股权激励使激励对象成为公司的主人，激发其主人翁责任感，促进和推动公司战略目标的实现。

（2）通过股权激励使激励对象的收入和财富与公司经营状况更紧密结合，调动激励对象的工作积极性，推动公司高速发展，从而使股东价值最大化。

（3）通过股权激励提高公司凝聚力并不断完善薪酬和绩效体系，使公司在吸引核心人才等方面建立优势，从而推动公司进入健康发展的良性循环。

本激励方案的指导原则包括：

（1）自愿参与原则，本方案在对公司和员工进行尽职调查后结合公司实际情况制定，所有激励对象自愿参与，不强制、不摊派，激励对象在申请参与本股权激励方案前都视为正确理解了本方案及方案实施期间个人所承担的权利和义务，参与股权激励出于完全自主的独立决定。

（2）公开与公平相结合原则，激励对象的选择范围、激励条件、评价标准和实施方案等全部公开，并在公平（既保障公司利益又保障激励对象利益）的原则下推行。

（3）激励与约束相结合原则，既有激励又有约束，既有权利又有义务，激励对象在获取股权权利与收益的同时，其激励股权的获得、流转等也受到约束。

（4）公司利益与股东利益相结合原则，追求新老股东利益与公司利益的一致，确保公司运营向股东价值最大化的方向健康发展。

3. 激励股权管理机构

公司将在股东会下设激励股权管理委员会，由员工持股大会通过差额选举方式从候选人中选出 × 人组成（其中激励对象 1 人）。激励股权管理委员会负责组织制定、修改和实施本方案以及管理股份增发和变更等事宜。

股权的代持平台为 Y 合伙公司，各激励对象按持股金额出资成为该有限合伙企业的有限合伙人。

4. 激励对象

（1）确定激励对象的法律依据。根据《公司法》《合伙企业法》《劳动合同法》等有关法律和地方政府关于股权激励问题的相关法规、文件以及《公司章程》的有关规定，结合公司组织架构、相关制度等具体情况确定。

（2）激励对象的范围。本次股权激励方案的激励对象包括：公司的中高级管理人员、核心技术人员、核心销售人员、上下游合作伙伴和外聘顾问等。

激励对象为本公司员工的，需与公司重新签署劳动合同；其他人员或组织需已经与公司签署了合作或聘用协议。

所有符合条件并有意向参与本方案的激励对象，需经激励股权管理委员会提名，并由董事会和股东会审议通过后生效。

5. 股权激励方案

（1）激励股权的持股形式。本方案涉及的股权由 Y 合伙公司代持，该有限合伙企业作为公司的正式股东在工商部门登记注册；公司大股东控股的 Z 有限责任公司作为该合伙企业的普通合伙人执行和管理合伙事务，激励对象作为有限合伙人认缴出资入伙并根据所持份额享有公司的相关权益。根据《合伙企业法》，合伙企业由普通合伙人执行合伙事务；有限合伙人不直接参与合伙企业的经营管理，除合伙协议另有约定外，不得对外代表 Y 合伙企业。

本方案涉及的虚拟股权由激励对象通过协议直接持有。虚拟股权持有人不是公司的实际股东，不享有普通股东的权利，只享有年终净利润的分红权。

（2）激励股权和资金来源。本方案涉及的股权来自增资扩股，即公司增加注册资本，由 Y 合伙公司全资认购本方案新增股权。虚拟股权来自原股东转让，经股东会表决通过，由原股东合计转让 20% 的分红权作为本激励方案的虚拟股权。

激励对象按照约定的价格和数量购买激励股权（含虚拟股权）并自行筹集所需资金。未经总经理和董事会批准，任何激励对象认购激励股权时不得采取从公司借款或由公司提供担保等任何间接财务支持手段。

（3）激励股权数量。以公司当前注册资本 1 000 万元和上年底经审计的净资产 1 519.46 万元为基础，将公司当前股权划分为 1 520 万股（每股代表 1 元净资产，每元注册资本代表 1.52 元净资产）。本方案累计增发股权数量为 152 万股，占公司当前股份的 10%，占增发后公司总股本的 9.09%；原股东按比例合计转让 304 万股虚拟股权。股权激励方案实施后，公司仍为有限责任公司，暂不改制为股份有限公司，注册资本增加至 1 152 万元。

每个激励对象被授予的股权数量合计不得超过公司总股本的 1%，具体数量根据其为本公司服务的年限、职务级别、业绩完成情况、对公司的贡献等综合评定。

另外，各激励对象可根据各自职级在当期业绩达到标准后的有关规定自愿购买相应数量的虚拟股权。

各激励对象可获授予的股权和虚拟股权数量详见附件。

（4）激励股权价格。根据上述 1 520 万股总股本，结合公司上年底经审计的净利润（170.44 万元）和所在行业企业的估值情况以及公司的未来发展前景，确定股权的授予价格为 1.5 元/股，虚拟股权的授予价格为 1.0 元/股。

6. 股权激励条件

激励对象获授激励股权必须同时满足下列条件：

（1）公司最近一年正常经营，未因重大违法违规行为被有关部门处罚，未与上下游合作伙伴发生重大经济纠纷，未涉及重大诉讼或仲裁，最近年度的财务报告未被注册会计师出具否定或无法表示意见的审计报告，未发生控制权变更及合并或分立等重大事项。

（2）激励对象绩效考核结果达到或超过公司相关标准。

（3）激励对象在过去三年内未因重大违法违规行为（包括但不限于收受贿赂、贪污侵占或挪用公司资金、利用职务之便谋取私利等）受到刑事或行政处罚，也不具有《公司法》等相关法律规定的不得担任公司董事、监事和高级管理人员等情形。

（4）激励对象在公司任职期间，未发生违反公司《保密协议》和《同业竞争禁止协议》等有关规定的行为。

7. 股权激励方案实施程序

（1）激励股权管理委员会组织制定股权激励方案、确定激励对象名单及其获授股权数量（含虚拟股权），获董事会批准后经股东会审批、表决通过，且公司原有股东放弃优先购买权。

（2）注册设立 Y 合伙公司作为激励对象获授股权的持股平台，其中 Z 有限责任公司（公司大股东控股）为普通合伙人，各激励对象为有限合伙人。

（3）公司召开股东会，做出决议并修改公司章程，同意 Y 合伙公司认购新增发的 10% 股权，同意按比例向激励对象转让 20% 的虚拟股权。

（4）激励股权管理委员会会同公司各有关部门，跟踪并考核和确认各激励对象绩效，进而确定其获授股权数量（包括股权和分期获授的虚拟股权）；各激励对象可购买的虚拟股权数量根据各自职级和绩效考核情况确定，各职级对应的可购买虚拟股权数量由激励股权管理委员会确定。

（5）各激励对象根据授予股权和虚拟股权数量及价格认缴资本金，获得持股平台的合伙份额并签署《合伙协议》，到工商登记部门办理注册资本实缴登记手续。

（6）Y 合伙公司与公司签署《增资扩股认购协议》，缴付股权认购款并办理工商登记变更手续。此后，该部分股权进入锁定期。

（7）当激励对象所持股权数量发生变化，导致 Y 合伙公司的合伙份额发生变更时，重复执行上述（5）、（6）两个步骤。激励对象因绩效未达标等导致无法对获授股权行权的，对应数量的股权不再授予激励对象。

（8）当公司因有新加入或晋升的高管导致需要增发股权时，重复执行上述（1）、（4）、（5）、（6）等步骤。

（9）虚拟股权分两期授予，授予日分别为 2019 年 12 月 31 日和 2020 年 12 月 31 日，每期虚拟股权授予数量分别为总数的 50%。各激励对象上一年度的绩效考核得分达 80 分以上时方可获授全额虚拟股权，绩效考核得分达标但低于 80 分时可获授 60% 虚拟股权，绩效考核得分低于 60 分时无权获授虚拟股权。各激励对象具体绩效参见各部门绩效考核标准。激励对象根据获授数量缴纳认购款并与公司签署《虚拟股权认购协议》。此后，获授虚拟股权进入禁售期。

（10）公司股东会决议通过上一年度利润分配方案后，各激励对象按照获授激励股权的数量、比例参与分红。

8. 激励股权的流转和退出

（1）激励对象转让激励股权或完全退出应遵守本方案关于禁售期和限售期的约定。

（2）激励对象与公司的劳动合同期满后公司不再与其续约或激励对象在劳动合同期满后辞职的，其已行权的激励股权应在办结离职手续前以原价＋定期存款利息的价格转让给持股平台普通合伙人；未行权的激励股权不得行权，未授予的激励股权亦不再授予。

（3）激励对象因个人原因（包括但不限于长期患病、丧失劳动能力或民事行为能力、意外失踪或死亡等）导致劳动合同终止，其已行权的激励股权应不超过原价转让给持股平台普通合伙人；未行权的激励股权不得行权，未授予的激励股权亦不再授予。

（4）激励对象因个人原因（包括但不限于离婚、偿债、涉及诉讼等）需要强制分割财产时，其已行权的激励股权应以不超过原价＋定期存款利息的价格转让给持股平台普通合伙人。

（5）激励对象在公司累计服务满三年并从公司退休的，有权在离职时保留其激励股权；但转让时应符合《公司法》和本方案关于股权流转的约定。

（6）激励对象连续两年的绩效考核得分未超过 70 分时，公司将收回其全部虚拟股权；激励对象连续两年的绩效考核得分未超过 80 分时，公司将收回其 70% 虚拟股权。虚拟股权的收回实行原价收回，即 1 元 / 股。

（7）激励对象发生下列情形之一的，其已授予的激励股权将以不超过原价的价格强制收回，未行权部分不再授予，激励对象需无条件执行：

- 违反国家法律、法规或公司章程、制度等规定，给公司造成重大经济损失的；
- 被司法部门依法追究刑事责任的；
- 收受贿赂或接受第三方与公司（及相关企业）交易的佣金归为已有的；
- 盗窃、挪用或侵占公司（及相关企业）财产（包括但不限于资金、设备、土地、房产等）的；
- 擅自将公司（及相关企业）资金或设备借给第三方的；
- 擅自以公司（及相关企业）财产（包括但不限于资金、设备、土地、房产等）为第三方提供担保的；
- 擅自与第三方签订合同或进行交易的；
- 利用职务之便为他人或第三方谋取属于公司的商业机会或经营同类或相近业务的；
- 在与公司（及相关企业）有竞争关系的同类企业任职、兼职、收取顾问或咨询等服务费用的；

● 投资与公司（及相关企业）有竞争关系的非上市同类企业的；

● 违反保密协议约定将公司（及相关企业）秘密泄露给第三方、给公司造成经济损失的；

● 因故意或重大过失给公司（及相关企业）造成经济损失的；

● 因故意或重大过失等被公司提前解聘、辞退、除名的；

● 符合《公司法》规定不允许担任公司董事、监事、高级管理人员情形的。

（8）激励股权解禁后，部分或全部进入可流转状态，虚拟股权不可转让，只能参照退出机制退出。激励股权的正常流转参照以下流程：

首先，征集股权受让方。受让方从现有股东和拟纳入新一期的激励对象中征集。如果没有征集到有效的受让方，由大股东、公司或持股平台普通合伙人兜底回购。

其次，确定股权交易价格。在确定受让方后，交易价格由交易双方自行商定。在受让方有多位的情况下，可以由受让方竞价确定，价高者得。公司根据财务数据提供交易参考价格。

最后，交易对象和价格均确定后，激励股权管理委员会向董事会和股东会提交股权流转说明书供审批，并进行合规合法性审核，确认无误后进行股权变更。

股权变更由激励股权管理委员会和持股平台（有限合伙企业）的普通合伙人组织实施完成。

（9）激励股权其他转让和退出情形，在《股权激励实施协议》中约定。

9. 股权激励方案的期限

本股权激励方案的有效期自股东会批准之日起至2021年12月31日止。有效期满，因激励对象未满足授予条件等原因导致激励股权未授予完成的，不再授予。

激励股权的禁售期自获授股权办理工商登记变更、签署《虚拟股权认购协议》之日起一年。

激励股权的禁售期满后进入三年限售期，各激励对象所获激励股权在限售期内逐年分批解禁，其中第一年解禁30%，第二年解禁35%，第三年解禁35%；解禁日为当年的6月30日。

10. 股权激励方案的调整和终止

（1）正常调整：当公司因有新加入或晋升的高管导致需要增发股权时，将相应调整激励股权数量及由此引发的公司和持股平台的注册资本变动。

（2）其他调整：当公司在本方案有效期内准备进行股份制改造、IPO、挂牌上市或公司发生实际控制权变更等重大事项时，可调整本方案（例如提前或取消授予激励股权），具体将由激励股权管理委员会提出调整方案，上报董事会和股东会审议和表决。

11. 股权激励方案的保密性约定

本方案涉及的所有内容均为公司机密，在股权激励尽职调查期、方案期、实施期及本方案有效期内，激励对象均应严格按照《保密协议》要求履行保密义务，不得向公司以外的任何第三方公司或无关人员透露。若激励对象违反保密约定，公司有权依法追究其法律责任并保留追偿因泄密造成损失的权利。

12.股权激励方案的其他约定

（1）激励对象不得违反本方案禁售期和限售期的有关规定，不得将获授股权私自进行转让、出售、质押、担保或偿还债务等未经股东会审议批准的操作。

（2）激励对象因本方案所获激励股权流转、退出等所获收益应按国家税收法规缴纳相应税费。

（3）本方案的有效期及激励股权的锁定期、限售期等约定并不意味着激励对象一直享有被公司聘用的权利，亦不构成公司对激励对象聘用期限的承诺，双方的劳动关系仍按签订的劳动合同执行。

（4）本方案一旦经公司董事会和股东会批准生效，激励对象签署《股权激励实施协议》的同时，即视同同意并接受本方案及《股权激励实施协议》的约定并承担有关义务。

（5）本方案如有未尽事宜或遇特殊情形，由激励股权管理委员会拟定方案报董事会和股东会批准和表决。

（6）本方案自股东会表决通过之日起正式实施。

（7）本方案由激励股权管理委员会负责解释。

《股权激励实施协议》参考范本

甲方：

乙方姓名：　　　　　身份证号：　　　　　联系电话：

根据《公司法》《合同法》《合伙企业法》《X公司股权激励方案》的有关规定，本着自愿、公平、平等互利、诚实信用的原则，甲乙双方经协商就以下事项达成如下协议。

1. 本协议约束条件

乙方需在____年__月__日至____年__月__日期间担任甲方________或以上职位。

若不满足上述条件，则本协议失效。

2. 激励股权的考核与授予

（1）乙方获授的激励股权中包含与绩效考核结果挂钩的虚拟股权，该部分虚拟股权由甲方的激励股权管理委员会按照《X公司股权激励方案》和部门绩效标准的要求对乙方进行考核，根据乙方考核结果授予乙方相应数量的激励股权。甲方在乙方考核结果确定并符合激励条件要求后3天内发出《激励股权授予确认通知书》。乙方的绩效考核结果若未达到《X公司股权激励方案》中约定的股权激励条件，则甲方取消该部分的激励股权授予。其他与绩效无关联的股权，经激励股权管理委员会按照《X公司股权激励方案》确定后，直接下发《激励股权授予确认通知书》。

（2）乙方在接到《激励股权授予确认通知书》后3天内，按照通知书的规定支付激励股权认购资金。逾期未足额支付股权认购资金，视为乙方放弃该部分激励股权。乙方放弃认购该部分激励股权，不影响甲乙双方已签署的劳动合同。

3. 行权

乙方按时限要求认购股权视为行权，成为甲方的股东，享有公司股东的权利，应按《 X 公司股权激励方案》约定，办理相关手续。

行权价格以《激励股权授予确认通知书》中的规定为准。

4. 激励股权的权利与限制

（1）本协议的激励股权锁定期自办理完成正式的工商登记变更手续或签署《虚拟股权认购协议》之日起计算，为期一年。

（2）乙方持有的激励股权在锁定期间享有与工商注册股权相同的分红权益。

（3）乙方持有的激励股权在锁定期间不得转让、出售、交换、记账、质押或偿还债务。

（4）当甲方发生送红股、转增股份、配股和新老股东增发新股等影响甲方股本的行为时，乙方所持有的激励股权数量和比例同步调整。

5. 协议的终止

在本协议有效期内，乙方凡发生下列（包括但不限于）事项，自情况核实之日起即丧失激励资格并取消分红权，情节严重的，公司依法追究其赔偿责任并有权给予行政处分（包括但不限于取消参与公司一切激励计划、停止任职甚至开除），构成犯罪的，移送司法机关追究刑事责任：

（1）因不能胜任工作岗位、违背职业道德、失职渎职等行为严重损害公司利益或声誉。

（2）因受贿索贿、贪污盗窃、泄露公司经营和技术秘密、损害公司声誉等行为给公司造成损失。

（3）违反与甲方签署的《同业竞争禁止协议》和《保密协议》规定。

（4）自行离职或被公司辞退。

（5）伤残、丧失行为能力、死亡。

（6）违反公司章程、规章制度、保密制度等其他行为。

（7）违反国家法律法规并被刑事处罚的其他行为。

在激励股权锁定期间，乙方无论何种原因离开公司，甲方均保有无条件收回乙方激励股权的权利。

6. 退出机制

（1）在公司进行股份制改造和上市以及其他投资机构进入前，若持股人有意退出，则参照公司股权激励时以及最新一期财务报告中的净资产数据，根据其溢价或折价比例由甲方或甲方许可的受让方予以回购。

（2）在其他投资机构进入公司后，若乙方有意转让或退出解禁股份，则按照《X 公司股权激励方案》流转和退出机制处理。

（3）锁定期内公司发生重大变化，比如合并、重组、转让，则乙方股份可按照董事会和股东会决议要求，提前解锁、正式注册。

（4）若锁定期内公司上市，乙方需根据证监会和《证券法》要求进入股市交易退出。

7. 其他事项

（1）甲乙方根据相关税务法律的有关规定承担与本协议相关的纳税义务。

（2）本协议是公司内部管理文件，甲乙双方签订协议并不意味着乙方同时获得公司对其持续雇佣的任何承诺。乙方与本公司的劳动关系，依照《劳动法》以及与公司签订的劳动合同办理。

（3）乙方未经甲方许可，不得擅自将本协议的有关内容透露给第三方。如有该情况发生，甲方有权废止本协议并收回所授予乙方的股份。

8. 争议与法律纠纷的处理

（1）甲乙双方发生争议时，《X公司股权激励方案》已涉及的内容，按有关规定解决；未涉及的内容，按照公平合理原则、公司有关规章制度和相关法律解决。

（2）乙方违反《X公司股权激励方案》的有关约定、违反甲方的规章制度或者国家法律政策，甲方有权视具体情况终止乙方的激励协议而无须承担任何责任。乙方在协议规定的有效期内，可通知甲方终止本协议，但不得附加任何条件。若因此给甲方造成损失，乙方应承担赔偿损失的责任。

（3）甲乙双方因履行本协议或与本协议有关的纠纷应首先本着友好协商的原则解决，如双方无法通过协商解决，任何一方都可将争议提交甲方所在地人民法院解决。

9. 本协议经甲乙双方签字或盖章后生效。本协议一式两份，甲乙双方各执一份，具有同等法律效力。

甲方：　　　　　　　　　　　　　　　　乙方：

日期：　　　　　　　　　　　　　　　　日期：

《虚拟股权认购协议》参考范本

甲方：

乙方姓名：　　　　　　身份证号：　　　　　　联系电话：

根据《公司法》《X公司股权激励方案》的有关规定，本着自愿、公平、平等互利、诚实信用的原则，甲乙双方经协商就以下事项达成如下协议。

1. 本协议的约束条件

乙方在____年__月__日至____年__月__日期间担任甲方______或以上职位。

若不满足上述条件，则本协议失效。

2. 虚拟股权的考核与授予

按照《X公司股权激励方案》，乙方可获授的虚拟股权总数量为____股。乙方实际获授的虚拟股权数量由甲方的激励股权管理委员会根据部门绩效标准的考核结果授予。

甲方在乙方考核结果确定并符合激励条件要求后3天内发出

《虚拟股权授予确认通知书》。

乙方在接到《虚拟股权授予确认通知书》后3天内，按照通知书的规定支付认购资金。逾期未足额支付认购资金，视为乙方放弃该部分虚拟股权。乙方放弃认购该部分虚拟股权，不影响甲乙双方已签署的劳动合同。

乙方的绩效考核结果若未达到《X公司股权激励方案》中约定的股权激励条件，则甲方取消该部分的虚拟股权授予。

3. 行权

乙方按时限要求认购虚拟股权视为行权，成为甲方的虚拟股东，享有该部分股权的分红权。

行权价格以《虚拟股权授予确认通知书》中的规定为准。

4. 虚拟股权的权利与限制

本协议的虚拟股权锁定期自双方签署《虚拟股权认购协议》之日起计算，为期一年。

乙方持有的虚拟股权在锁定期间享有与工商注册股权相同的分红权益。公司上一年度利润分配方案由股东会表决通过，乙方根据虚拟股权持有数量按比例享有分配利润的分红收益。

乙方持有的虚拟股权在锁定期间不得转让、出售、交换、记账、质押或偿还债务。

5. 协议的终止

在本协议有效期内，乙方凡发生下列事项（包括但不限于），自情况核实之日起即丧失激励资格并取消分红权，情节严重的，公司依法追究其赔偿责任并有权给予处分（包括但不限于取消参与公司一切激励计划、停止任职甚至开除），构成犯罪的，移送司法机关追究刑事责任：

（1）因不能胜任工作岗位、违背职业道德、失职渎职等行为严重损害公司利益或声誉。

（2）因受贿索贿、贪污盗窃、泄露公司经营和技术秘密、损害公司声誉等行为给公司造成损失的。

（3）违反与甲方签署的《同业竞争禁止协议》和《保密协议》规定。

（4）自行离职或被公司辞退。

（5）伤残、丧失行为能力、死亡。

（6）违反公司章程、规章制度、保密制度等其他行为。

（7）违反国家法律法规并被刑事处罚的其他行为。

在虚拟股权锁定期间，乙方无论因何种原因离开公司，甲方均保有无条件收回乙方虚拟股权的权利。

6.退出机制

（1）乙方虚拟股权解锁后，因甲方经营状况出现异常，可申请退出虚拟股权激励，由甲方负责原价回购。

（2）乙方不再担任甲方企业约定职务或从公司离职（包括但不限于本协议第5款约定的情形），则本协议终止，乙方虚拟股权按照《X公司股权激励方案》相关退出机制由甲方收回。

（3）锁定期内公司发生重大变化，比如合并、重组、转让、实际控制人变更等，则乙方股份可按照董事会和股东会决议要求，提前解锁、退出。

（4）其他退出情形，由甲乙双方根据《X公司股权激励方案》协商确定。

7. 其他事项

甲乙方根据相关税务法律的有关规定承担与本协议相关的纳税义务。

本协议是公司内部管理文件，甲乙双方签订协议并不意味着乙方同时获得公司对其持续雇佣的任何承诺。乙方与本公司的劳动关系，依照《劳动法》以及与公司签订的劳动合同办理。

乙方未经甲方许可，不得擅自将本协议的有关内容透露给第三方。如有该情况发生，甲方有权废止本协议并收回所授予乙方的虚拟股份。

8. 争议与法律纠纷的处理

甲乙双方发生争议时，《X公司股权激励方案》已涉及的内容，按有关规定解决；未涉及的内容，按照公平合理原则、公司有关规章制度和相关法律解决。

乙方违反《X公司股权激励方案》的有关约定、违反甲方规章制度或者国家法律政策，甲方有权视具体情况终止本协议而无须承担任何责任。乙方在协议规定的有效期内，可通知甲方终止本协议，但不得附加任何条件。若因此给甲方造成损失，乙方应承担赔偿损失的责任。

甲乙双方因履行本协议或与本协议有关的纠纷应首先本着友好协商的原则解决，如双方无法通过协商解决的，任何一方可将争议提交甲方所在人民法院解决。

9. 本协议经甲乙双方签字或盖章后生效。本协议一式两份，甲乙双方各执一份，具有同等法律效力。

甲方：　　　　　　　　　　　　　　乙方：

日期：　　　　　　　　　　　　　　日期：

第四篇

股权融资

公司主要有债权融资和股权融资两种融资方式，其中债权融资是指以借贷方式从银行等金融机构、其他企业或个人取得借款，公司未来向债权人还本付息；股权融资是指公司通过增加（发行）股权引进新的股东和资本金，公司的股本规模随之增加。

从财务角度分析，债权融资增加了公司的债务，公司财务杠杆提高，借入资金在运营中的收益超过借贷利息支出时才能增加公司的价值，否则将导致资产减值。股权融资则直接增加公司资本金，从而提高公司价值；而且股权融资不需要偿还，更无利息支出，不会带来资产减值风险，但需要与新股东分享公司成长的收益。

与债权融资相比，股权融资的优势有：

- 借机完善公司的法人治理结构，降低运营风险。
- 获得发展所需的资金且无须还本付息。
- 获得新股东相关资源的支持，有利于产生协同效应。
- 改善公司的股东结构和股权架构，有利于后续继续融资。

公司通过股权融资、借助外部资本的力量，可以推动原有竞争战略及公司层战略如收购、多元化、内部创业等的实施，使公司更快地成长，进而为股东价值最大化创造条件。

有优势的同时，股权融资也存在潜在的问题。例如，股权融资会稀释原有股东的持股比例，可能会影响大股东的控制权甚至引发实际控制权的更迭。

因此，在股权融资过程中，大股东应重点关注股权架构的变化趋势，并根据其变化动态提前采取必要的手段加强控制权（包括投票表决权控制、董事会控制等），在融资谈判过程中更应重视控制权问题，对于敏感问题（包括超越投资股权比例的额外权利、董事会席位、危险的对赌条款等）应给予高度重视，避免公司融资成功，自己却失去了控制权。

13 融资通，则百通

相比大企业，中小企业在战略和商业模式管理等方面更具有灵动性、敢于创新，本应该更快地成长，可是为什么现实中的中小企业平均寿命短、成长速度难以达到预期？

究其根源是中小企业资本实力和人才实力落后。在市场分工日渐细化、市场竞争中资本推手的作用日益增强的背景下，资本实力和人才实力决定了企业的核心竞争力。资本实力的欠缺导致中小企业人才方面难尽如人意，因此，其发展的瓶颈归根结底是资本层面的欠缺，如图 13-1 所示。

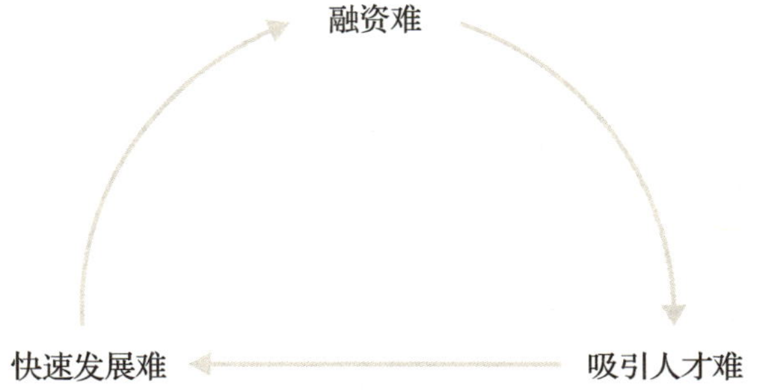

图 13-1　中小企业发展的瓶颈示意图

有好的战略和商业模式还需要高效率团队去实现，但中小企业资本实力的欠缺导致其难以吸引到高效的人才，于是经营效率难以满足战略发展的需求，步入恶性循环。反过来，如果融资不成问题，这一切就变成了良性循环，充足的资本确保能够吸引到高效的人才，从而推动公司快速发展，小米、滴滴等新兴企业就是这样只用几年时间便快速从零成长为世界级企业。

很多前景不错的企业在成长过程中没有走出困境，看似很好的项目因为资金问题而夭折。

|案　例|

博泰融资失败，成为第一个倒下的互联网造车公司[31]

近几年，中国汽车市场涌现了一大批互联网汽车公司，这些新兴车企企图借助强大的互联网技术，制造出颠覆传统的智能汽车，不过其发展并不顺畅。但有一家车企，当别人还在赶制 PPT 时，它仅用 11 个月就推出一款智能汽车整车产品，它就是博泰。

博泰是国内最大的车联网公司之一，在人机交互设计、汽车操作系统和汽车网络应用等方面拥有丰富经验，旗下多款车载产品装载在荣威、雪铁龙和标致等品牌的汽车上。或许是由于不满足于单纯制造车载产品，2014 年 6 月，博泰宣布独立造车，并在年底拉前吉利副总裁沈晖加盟。之后博泰仅用 11 个月时间，就推出了一款智能汽车整车产品，并在 2015 年上海车展亮相，成为上海车展首家独立参展并带来实体汽车的互联网公司。这款概念车不需要复杂的操作，它以眼睛的虹膜作为启动车的钥匙，车体的玻璃材料可以调温，以保证车内始终处于恒温状态。自动驾驶的时候，方向盘、仪表盘都能折叠，这样司机的前部就是一个巨大的移动空间。如果有不安全的事物靠近，雷达和感应系统会及时发现，更令人兴奋的是这款产品计划在2018年正式量产。虽然这款产品仍停留在概念阶段，但因为其70%左右的预期功能已经可以实现，所以大家对其充满期待。

不料，如此被看好的博泰，却成为第一家出局的互联网造车公司：2015年8月，由于融资不到位，博泰在整车制造方面处于停滞阶段。随后两位创始人开始分家，博泰原团队回归老本行继续做车联网方案商，吉利前副总裁沈晖则带领造车团队，成立了新品牌威马汽车。博泰的造车梦就此破灭。

博泰的融资失败导致市场曾经被一致看好并期待的互联网概念车永远成了概念。这是一个典型的让资金难倒的企业，虽然具体原因不详，但充分体现了公司在发展过程中融资能力的必要性和重要性。

公司要解决融资难题，无非通过两条途径：债权融资和股权融资。受制于国内银行体系抵押和质押融资等占据主流的借贷政策，中小企业难以获得足够的融资支持。近一两年在经济下行的背景下，尽管政府层面呼吁银行放贷向中小企业倾斜，但银行对信贷风险的管控由来已久，除非政府解除对坏账的追责（这又容易引发信贷腐败，最后导致再度收紧），并就社会融资问题建立完整的解决方案和体系，否则仅依靠政府文件的力量难以从根本上解决问题——对中小企业来说，大规模的债权融资仍然难以实现。那么，股权融资就成为更现实的融资渠道。

股权融资可以帮助中小企业突破发展瓶颈以及死循环的制约，走向资本市场，使自己的企业变成一个融资平台，从而有条件获得源源不断的资本支持，进而获得市场话语权，如图 13-2 所示。

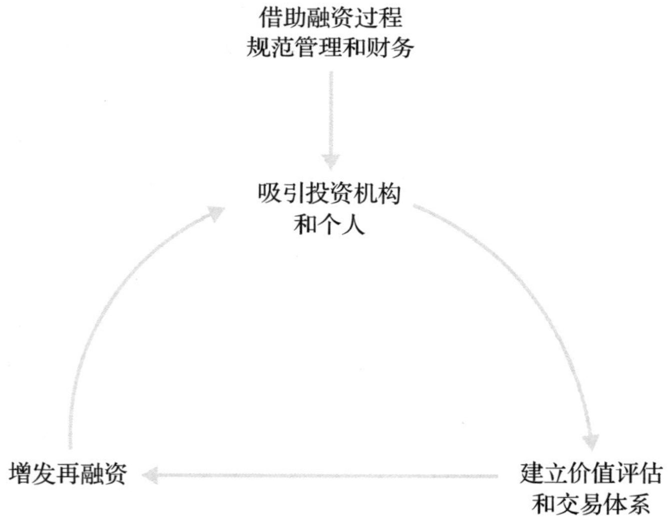

图 13-2　借助股权融资激活企业示意图

可是为什么大量的中小企业在股权融资上也遇到困难呢？因为它们看起来没有投资价值！

这话扎心吗？却是客观事实！请注意“看起来”这个修饰语。要赢得外部投资机构的青睐，不使自己看起来光鲜一些，实现股权融资谈何容易？你的战略和商业模式是怎样的？产品是否解决了需求痛点？核心团队是否足够专业、有效？营销体系是否高效？市场和财务数据是否足够有吸引力？

…………

这些问题不仅投资人关注，作为企业主，也应该静下心来思考。

或许你觉得自己公司也就七八个人，活下来就是王道，要什么战略、商业模式？什么赚钱就得做什么！

没错，规模小或者在初创阶段的公司，可能暂时不需要考虑这些问题，但是，如果想要进一步发展，想要切入资本市场，就必须认真思考和应对这些问题。

一个人，三分衣服七分妆；一个企业，要打动别人，同样需要梳理和打扮。

将欲取之，必先予之，这是亘古不变之理。为了吸引和打动投资机构、实现股权融资，就需要认真打扮自己——做好准备工作，练好内功。清晰的战略、有效的商业模式、高效的团队、有竞争力的营销体系、规范的财务管理和内控体系、合理的股权架构等是公司成功实现股权融资的基础。

14 股权融资的准备工作

股东价值最大化是营利性企业的终极目标。股东价值来自两个方面：一是公司的盈利；二是公司股权资本的升值。公司的盈利能力是推动股权资本升值的重要力量。[32]

对老板而言，最重要的工作就是努力提升公司的股权价值，即争取做更值钱的公司而不仅仅是赚钱的公司。这些努力主要包括：围绕创造和提升股权价值，定战略、定商业模式、搭架构、领导和管控。

定战略解决围绕股权价值创造要做什么的问题，定商业模式解决怎么去做的问题，搭架构解决找谁一起来做的问题，领导和管控则解决实施过程问题，包括建立价值导向而不是利润导向的绩效和薪酬管理体系等。

什么叫价值导向和利润导向？

价值导向就是追求公司股权价值的增长，体现在经营目标的追求上，就是追求市场份额、市场定价权、用户体验以及对产能、质量、成本的成功控制；利润导向毫无疑问是追求赚钱，扩大销售额，压低成本等。由于会计制度本身的限制，会计数据本身具有一定的可操控性，销售额扩大不等于市场份额增加，更不等于定价权和用户体验提升；压低成本超过限度有可能损坏用户体验，降低公司价值等。

简单地说，价值导向追求的是相对长期的利益，而利润导向则追求相对短期的利益。

互联网行业的企业在做更值钱的公司方面为我们确立了典范——公司短期内可以亏损，却很值钱！这样，在持续的股权融资过程中，股东的价值会不断提升。

股权融资前的准备工作就要围绕如何做值钱的公司而努力。

准备工作主要包括两大方面的内容：

一是公司治理准备，即梳理和完善公司的股权架构和组织架构，避开那些存在隐患的不利架构，在强化大股东对公司的控制权的同时，使公司治理有利于吸引投资人。这一部分内容在“股权架构设计”“掌握控制权”部分进行了详细讨论，不再赘述。

二是梳理公司的管理工作，即围绕展现和提升公司股权价值对公司的战略、商业模式、团队、营销体系、财务管理、内控制度等进行梳理和优化，使之满足投资人的期望和要求。

梳理战略

战略解决的是如何参与市场竞争从而使公司保持竞争优势的问题。清晰的竞争和发展战略可以让投资人快速了解公司以及公司在市场中的位置。

1. 了解战略的类型

战略可分为公司层战略和业务层基本竞争战略。当公司规模较小、产品和所处行业相对单一时，采用业务层基本竞争战略；当公司发展到一定规模，出现了多产品线、多业务甚至跨越多个行业时，可实施公司层战略。

业务层基本竞争战略包括成本领先、差异化和集中化。[33]

成本领先战略就是公司要成为行业内成本最低的产品、服务提供商。例如，小米科技初期就是采取成本领先战略进入智能手机市场的。

差异化战略就是公司提供区别于竞争对手并满足特定用户需求的产品、服务。例如，无论电脑还是智能手机等产品，苹果公司一直采取差异化战略参与市场竞争。

集中化战略则是二者的进一步结合，是在行业内的细分领域实现产品、服务的成本领先或差异化。当年，天语品牌通过集中化战略成功进入国内手机市场，推出了针对老年人群体的手机。

由图 14-1[34]可知，差异化战略意味着更多的创新技术和更高的产品、服务品质；成本领先战略则意味着更高的组织和运营效率。当然，采用差异化战略依然可以通过持续的成本控制不断提升盈利能力；采用成本领先战略也可以通过提升技术和品质来巩固和提升竞争力。由于差异化和成本领先在某种意义上是矛盾的，难以对一个产品同时实行这两种战略；但是公司如果有多个业务部门或产品参与不同细分市场甚至行业的竞争，则可以分别采取不同的战略。

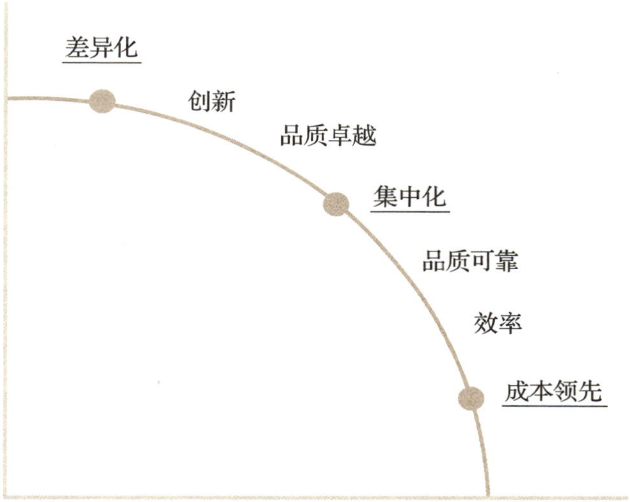

图 14-1　业务层基本竞争战略边界示意图

公司层战略包括多元化、收购、外包和内部创业。[35] 显然，公司层战略是领导者跳出具体业务和产品思维，着眼于更宽广视野下的企业发展战略，是从产品思维晋级的必然。

多元化战略包括纵向一体化和横向多元化两种类型。纵向一体化是指公司沿上游供应链、下游市场或服务渠道等进行的业务延伸（例如，钢铁企业建立上游矿山和进出口贸易、销售部门），可以更好地整合行业资源、降低成本并提高利润率；横向多元化是指公司业务向完全不同的其他行业或领域延伸（例如，恒大地产进军矿泉水行业），通常是为了分散单一行业的经营风险。

收购战略包括收购竞争对手和配合公司多元化战略进行的纵向或横向收购，是公司在高速发展过程中经常采用的发展战略。

多元化与收购战略的实施可以使公司快速扩大市场影响力并进入新的行业或领域，但是其劣势也是显而易见的：一方面，收购往往需要溢价进行，这将加大公司的财务压力并危及商誉，一旦收购对象出现经营异常导致投资难以如期收回，就会面临商誉减值压力；另一方面，收购易、整合难是一直存在的管理难题，不同公司之间的企业愿景与文化、薪酬体系、激励制度等多方面的差异，往往导致收购后人才的流失，从而给整合带来极大的难度：看起来收购的是公司，实际上收购的是其核心人力资源，如果原来的核心人才都离开了，收购的价值和意义就大打折扣。除了现金收购，股权互换也是收购和多元化战略实施中会使用的手段，即通过增发新股而不是现金来吸收、合并目标公司，这无疑将降低收购的现金支出。

外包战略则是将公司经营活动中的一项或几项职能交给专注于该领域的专业企业，外包的内容可以是完整的职能比如产品制造，也可以是部分职能比如产品制造的组装环节。很多企业将产品设计或制造以及供应链外包出去，很多劳动密集型公司甚至通过实行劳务外包来降低人力资源成本。“全球产品制造中约 56% 外包给了专门从事制造的企业……外包并不局限于制造业务，戴尔、微软等 IT 巨头一直把客户技术支持业务整体外包给独立的企业……美国运通公司曾在 2002—2009 年将信息技术系统外包给 IBM，交易额达 40 亿美元。”[36] 随着社会分工越来越细，外包已成为规模企业普遍采取的对外合作战略。

技术驱动型企业在推出新产品甚至进入新行业时愿意采用内部创业战略。成功实施内部创业战略通常需要公司具备如下条件：公司具有较强的研发实力和技术积累，有容错文化，技术与营销结合得较成功。由于内部创业将使核心技术和市场人员获得利益上的较大好处，它将激发技术创新和市场拓展并通过改善内部分配机制大幅降低公司推出新产品或实现多元化的成本。

了解了这些战略类型，就为更好地梳理公司战略奠定了基础。

2. 梳理公司的战略

公司在股权融资前，应先梳理自己在产品、技术、市场等方面的优势，进而将自己采取的竞争战略展示给投资人。

而在确定竞争战略之前，首先应进行充分的分析，在此基础上进行战略定位。分析工作包括两部分：行业分析和公司内部条件分析。

行业分析首先就是市场规模和发展空间分析。市场规模和发展空间最终决定公司的价值和盈利能力，并影响投资人的投资态度。行业分析涉及大量数据的获取以及对未来运行趋势的预测。随着互联网的发展以及我国政府电子政务的日渐开放，相关政府部门网站、行业协会网站、国家统计局网站、中国互联网中心、咨询行业龙头网站（例如艾瑞咨询、麦肯锡等）都包含大量的市场数据和研究分析报告，可以充分利用这些数据和分析报告进行基本的分析。

之后就是与行业竞争对手的比较分析，最经典的分析工具是SWOT分析，如图14－2所示。[37]

图14－2　SWOT分析示意图

通过与行业主要竞争对手的比较，客观罗列出公司的竞争优势及劣势；通过对行业和企业内外因素的汇总，列出企业面临的机遇以及潜在的威胁，例如国家政策支持可能引发的行业利好以及替代技术或应用的出现对现有行业及公司的威胁等。

公司内部条件分析首先是在行业分析的基础上，详细分析公司资金、研发和技术能力、产品或服务、市场能力、管理团队等方面的竞争力，并与竞争对手进行比较。

经过上述对外部、内部各种因素的分析和比较，公司的核心竞争优势就梳理出来了。然后就可以从中总结出公司的战略：

- 基本竞争战略：核心竞争优势结合竞争切入的（细分）市场、用户、产品和服务定位来确定是采取成本领先战略、差异化战略还是集中化战略。

- （细分）目标市场：如果采用集中化战略，就要定位细分市场。
- 目标用户：目标用户很大程度上决定了产品、服务及其模式。
- 核心产品、服务：是战略的载体和表现方式之一。

|案　例|

苹果公司最重要的战略调整[38]

20 世纪 80 年代末，IBM 推出兼容 PC 开创了个人电脑时代，PC 像一股旋风席卷了整个电脑行业，苹果公司遭遇了巨大的竞争压力，其新推出的 Apple Ⅲ 在强大的 PC 市场压力下仅售出 9 万台，随后推出的 Lisa 电脑也以失败告终。

随着 PC 的不断发展，苹果公司遭遇了成立以来最困难的十年，乔布斯被赶出公司，公司濒临倒闭。1997 年 8 月，濒临破产的苹果公司重新召回了乔布斯。为避免倒闭，乔布斯向老对手微软融资并获得成功，微软购买了苹果增发的价值 1.5 亿美元不含投票权的股票，苹果公司靠这笔融资获得续命和喘息的良机。后来的故事大家都很清楚了，乔布斯调整了公司的差异化竞争战略，不再仅仅专注于电脑产品，而是在电脑操作系统 Macintosh 的基础上，推出了 iTunes 和 Apple App Store，创造了 iPod、iPhone、iPad 等一系列革命性的个人消费电子产品，获得了巨大成功。

向微软融资前，苹果公司的市值不到 30 亿美元；如今，最高时其市值超过 10 000 亿美元，成为全球市值最高的企业。

在 IT 行业，苹果公司一直是差异化战略的领军者，公司推出的很多产品都成为引领业界的革命性产品。今天，苹果公司凭借软件操作系统 + 应用商店 + 终端产品（包括电脑和移动终端）等形成了相对封闭的生态系统，保持了近 20 年的持续领先优势，并成为全球市值最高的企业，这一切都要归功于当年乔布斯回归苹果公司后，利用股权融资机会进行的战略调整。

梳理公司战略最重要的结果就是要告知投资人，我们与竞争对手相比有什么不同，为什么我们更具优势，我们的未来是什么样子的。

尽管战略类型众多，但对绝大多数中小企业而言，其实并没有选择：通常要在分析和把握行业机会的基础上，从差异化战略入手。往往越是竞争激烈、看似比较混乱的行业，越存在更大的机会，有利于通过战略突围打造出行业领先或有影响力的品牌。因为：要么第一，要么唯一！中小企业做不到全行业第一便从唯一入手，寻求在细分市场或局部领域、地域成为唯一或第一，只有如此，才能够确立自己的竞争地位并引起投资机构的注意。

梳理商业模式

商业模式和战略存在相当程度的交集，是公司战略落地的具体方式。

商业模式是指公司获取客户、为客户服务并由此赚钱的方式。[39]

实践证明，每一种新的商业模式出现后，都会得到投资机构的追捧——在风口上猪也能飞上天：电商、团购引发的O2O模式、在线教育、互联网+、云计算、大数据、共享模式等，引发了一轮又一轮的投资热潮。商业模式梳理将使公司的产品、市场体系和盈利模式让人一目了然。如果与竞争对手相比有较大的创新，将有助于打动投资机构，为成功融资奠定基础。

主要应围绕商业模式的三个组成部分进行梳理：获取用户的方式（即渠道）、为用户服务的方式（即产品）和赚钱的方式（即盈利模式）。

近几年，随着互联网和移动互联网的普及，网络营销发展迅猛，并已取代电视等传统媒体成为最大的广告平台，品牌传播和获取用户的主战场逐渐转向网络，用户获取方式的改变引发了企业商业模式的变化：很多传统行业的公司调整了商业模式，将原来的线下引流为主调整为线上线下相结合，并且线上引流的比重逐渐增加。

此外，随着技术的不断进步，产品和服务的迭代速度越来越快，优秀的企业随着技术的发展，不断升级自己的产品和服务，从而不断调整为用户服务的方式和商业模式，在持续创新的大潮中保持竞争优势。

|案　例|

博洛尼从橱柜到整体家居的进化[40]

科宝公司成立于1992年，从事厨房用品的销售；1999年开始，从事厨柜的生产制造和销售。

2001年科宝与意大利家居咨询公司Ferraninisrl成立合资企业——博洛尼家居用品（北京）有限公司，引进意大利的橱柜架构和柔性化生产系统，在家具建材城推出业内首创的体验式生活方式场景展厅“米兰ing”，开始在国内推广意大利的厨房文化“生活在厨房”(living in kitchen)。

2005年年初，博洛尼整体家居旗舰店在北京北四环隆重开业，近4 000平方米的面积包括整体家装、整体厨房、整体卫浴、内门系统、家具饰品五大旗舰店，与“米兰ing”场景展厅同步展现100套体验式家装实景样板间。2005年9月底，博洛尼在北京设立了面积达8 000平方米的中国最大家居体验馆，首家演绎“后极简主义”家居风潮。新怀旧、Fusion、部落风、Art Deco、新浪漫、创意精神、新经典等迥异、特点鲜明的家居风格展现了国际家居流行的最新风尚，充分展现了国际最时尚家居的不凡魅力。

同年，与德国钛马赫（Junbau Tellmach）建筑装饰公司的合作，给博洛尼带来了先进的施工工艺标准及管理体系。

2007年在获得联想弘毅和摩根士丹利投资之后，博洛尼家居用品（北京）有限公司收购了Ferraninisrl持有的股份。

除了对接欧洲设计，博洛尼还与日本市浦设计合作，首家引入基于国际一流的SI（百年住宅）建筑技术体系的住宅内装干法施工技术，并成功实施中国第一个示范工程项目——北京雅世合金公寓，参编由中国住建部主导的《保障性住房套型设计及全装修指南》《公共租赁住房产业化实践：标准化套型设计和全装修指南》《CSI住宅建设技术导则》等行业著作，被授予住建部“住宅性能研发基地”。博洛尼共参与制定了10项国家及行业标准、拥有72项国家专利，协助住建部共同推进中国住宅装修产业化进程。

此后多年，博洛尼坚持线下推广的同时，重点转向网络营销，每年在百度关键词和门户网站等投入上亿元资金宣传推广其整体家装理念，并通过旗下三大品牌拓展中国整体家装市场：

钛马赫别墅家装，为别墅提供定制整体装修服务的高级生活方式品牌。

博洛尼整体家装，为中高端公寓或其他住宅提供定制整体装修服务的高级生活方式品牌，提供以设计为主线的系统化家居设计，包括整体厨房、整体卫浴、内门、板式家具、沙发布艺、灯具、木做主材和其他附件。

科宝入住家装，为中端住宅提供拎包入住级别的套餐式装修服务模式。套餐包括从设计施工、主材到橱柜、内门、卫浴、家具沙发、窗帘灯具、配饰床品，甚至到地漏、过门石、五金配件等全套家居产品，是目前市场上最简单便捷的装修方式。

博洛尼首推的整体家装理念和模式引领了国内装修行业的进步。其倡导并一直贯彻的整体设计和家装理念包括：

（1）“1+N”整体设计，家装设计师和多位专项设计师（整体厨房、卫浴、家具配饰设计师）同步进行设计，终结拼凑式装修风格不统一顽疾。

（2）系统化家居整体设计——家装设计＋产品设计（厨柜、卫浴、内门、地板主材等）＋家具设计，消灭家装设计和家具设计间的断层。

（3）将产品设计环节提前纳入装修流程，和家装设计同步进行，消除家装和用品尤其是和家具的脱节。

经过十几年的发展，博洛尼已成为中国整体家装行业的倡导者和龙头企业，全面革新了中国建筑装修行业。

博洛尼作为一个传统企业，在过去20年的发展过程中，多次调整和创新商业模式，服务用户的方式由厨房用品到厨柜到整体厨房再到整体家居，产品线不断延伸，最终实现向用户交付拎包入住的一体化装修和家居解决方案；获取用户的方式由传统的建材卖场展厅、线下独立展厅到线上网络营销，实现线上线下全覆盖，成为影响装修装饰行业的领军企业。

随着技术和市场竞争的深入发展，产品、服务和获客方式的改变，也会改变公司的盈利模式。

中国最早的门户平台新浪、搜狐、网易等，发展初期依靠网络广告收入的盈利模式，其发展举步维艰；后来它们抓住移动电信增值业务发展的契机，以包月付费方式向手机用户提供短信息和WAP增值服务，成为它们的主要盈利模式。随着智能手机的诞生和高速移动网络的建成，整个移动电信增值行业日渐萎缩直至消亡，各门户网站不得不继续探索新的盈利模式：除了广告之外，游戏、视频、频道运营外包、微博等模式先后涌现……美团、饿了么等外卖平台，最初的盈利模式是收取服务费、佣金；随着用户规模和入网餐厅数量的积累，广告、推广服务等将在盈利模式中占据越来越大的比重；微信最初只是一个社交平台，后来推出微信支付，收取手续费成为其盈利模式，现在，随着微信朋友圈的广告、小程序、商城等陆续推出，其盈利模式也在持续变化。

|案　例|

挖财之路[41]

挖财最早是一款个人记账软件，2009年推出手机JAVA版程序，2010年发布安卓版应用程序，2011年发布苹果版应用程序……此后一直到2013年，挖财在持续更新软件平台、维护数百万用户的同时，却没有发展出盈利模式、一直没有收入，公司一直靠李治国的天使投资维持（累计1 000万元），没有机构看好这款记账应用，挖财濒临困境。天使投资人李治国也一度迷惘。

李治国曾是阿里46号员工，除了发起并投资挖财，还成功投资了口碑网、快的、蘑菇街等不少互联网应用项目。李治国跟中金等其他投资机构聊挖财这个项目时，投资机构认为：只有记账的模式没有太大前途，如果在用户数据基础上再结合理财和金融就具有发展空间了；如果李治国加入挖财，他们愿意投资。

2013年，李治国担任挖财公司董事长兼CEO；4月，挖财App推出货币基金在线购买等理财功能，并开始尝试佣金服务等盈利模式。

2013年9月至2014年2月，挖财完成A轮2 800万美元融资，其中 IDG 投资 1 000 万美元、鼎晖投资 300 万美元、启明创投 1 500 万美元。

2014 年 12 月至 2015 年 7 月，挖财完成 B 轮 1.3 亿美元融资，其中宽带资本、中金共 5 000 万美元，新天域资本、汇桥资本、光信资本共 8 000 万美元。

2017 年 5 月，国开金融 4 200 万美元领投挖财，宽带资本、启明创投、新天域资本、汇桥资本跟投。

借助股权融资，在资本的推动下，挖财从一个记账软件快速成长为拥有挖财记账理财、信用卡管家、钱管家、挖财宝、挖财社区等多个应用的互联网财富管理平台，用户规模已达 8 000 万，交易规模超百亿元。

借助股权融资的契机，挖财调整了商业模式，从一款记账应用晋级为互联网理财平台，拓展了为用户服务的内容和方式，并建立了基于佣金服务的盈利模式，此后获得投资机构源源不断的资本支持；公司借助资本的力量启动收购战略，不断提升平台的财富管理能力和用户体验。

让投资机构感兴趣的项目，其商业模式往往需要具备三个属性：痛点（产品或服务解决了哪个需求）、高频次（消费）和用户黏性。痛点主要回答产品解决的是内生需求还是外延或衍生需求的问题，并将验证是否具备成功的逻辑性：挖财由单一的记账应用逐渐涵盖理财方面，解决了用户的财富管理痛点，因而拓展了发展空间；局限在记账上则只是消费管理范畴，没有解决真正的痛点。高频次（消费）决定公司的营业收入、现金流，频次过低，容易陷入开发一个用户则少一个用户的陷阱。用户黏性决定重复购买率，很大程度上影响销售成本。

公司应抓住股权融资对接资本市场的战略性契机，借机梳理、优化自己的战略和商业模式，围绕痛点、高频次、用户黏性三属性总结出在产品或服务（包括供应链）方面的优势、产品或服务送达用户方式（包括市场及服务渠道）的优势以及盈利模式的创新等，必要时优化甚至创新商业模式，更快速地拓展市场、更好地为用户服务，并使投资机构更清楚地了解公司拓展市场、服务用户的方式以及未来的发展空间，从而为股权融资奠定坚实的基础。

包装核心团队

投资机构在投资一个公司或项目时，不仅要考察公司的业务或项目本身，更要考察运营团队——随着社会分工的细化，人的因素起着越来越重要的作用。有效的团队能够确保更高效地达成公司预期的战略目标。大股东与谁合伙以及团队的质量在相当程度上影响着公司的运营及其股权价值。

1. 大股东

作为公司的实际控制人，大股东的背景、人脉等尤为关键。

小米从创建到 IPO，经历了多轮达数亿美元的融资。如果不是雷军（如果没有在金山软件取得成功、没有项目投资的成功）

掌舵，相信小米不会那么容易地获得融资，其发展速度也不会那么快。对比一下更早开始做智能手机的魅族就明白了。

类似的例子还有滴滴出行。国内的网约车模式并非由滴滴开创，但由于滴滴的掌舵人程维出自阿里巴巴的支付宝，滴滴在网约车争夺用户的补贴竞争中之所以能够成功合并快的、优步成为行业绝对的领军者，得益于其强大的股权融资能力，而这与程维的背景和人脉密不可分。

那些从百度、阿里巴巴、腾讯离职出来创业的高管甚至中层，为什么会获得投资机构的追捧？无非是他们过往的成功背景和经验为之做了背书，或者其在过往的工作中积累了丰富的人脉。因此，大股东如果有成功的经验或背景，人脉资源自然会积少成多；如果人脉资源足够，成功获取融资也就水到渠成了。

总之，大股东如果有影响力，融资就会变得容易；如果缺乏影响力，就需要制造影响力，先将自己营销出去，或者找到有影响力的合伙人！

2. 合伙人

在股权融资过程中，合伙人占据重要的地位。

一个好汉三个帮。大股东创立公司时，合伙人可以陪同走过创业的孤独与艰辛，熬过漫漫严冬……但并非所有的合伙人都能陪着大股东走到底，吴长江和雷士照明的故事就是例证：在公司创立初期大家相安无事，快速发展时却逐渐产生矛盾并激化，甚至大打出手。这应了一个基本道理：共苦易，同甘难！贪婪和逐利是人类的本能，而本能经不起测试和考验。大股东能做的，一是通过合理的股权架构进行约束和控制，二是选择好合伙人。那么，怎样的合伙人是理想的？

马云创立阿里巴巴时得到 17 位合伙人的支持，他们 18 人后来被称为阿里巴巴的“十八罗汉”；马化腾创立腾讯时找到了“四大金刚”，他们五人后来被称为腾讯“五虎”，“五虎”在工作分工上是典型的互补：马化腾任 CEO 统管全局，其余四人分别负责技术、运营、网络信息和行政管理。无论阿里巴巴还是腾讯，在最困难的时期，合伙人同舟共济，最终迎来互联网的春天，成就阿里巴巴和腾讯“商业帝国”的同时也成就了个人。

理想的合伙人具有这样的特质：

- 趋同的价值观和目标。这一条虽然很务虚但十分重要。

如果价值观不一致或相互间有较大偏差，彼此之间就很难相互欣赏，很难合作长久；目标的问题是同样道理，如果大家在公司的发展目标上不一致，有人重长期收益、有人只看短期收益，那么在公司发展过程中，遭遇某些重大战略性选择时必然会发生分歧甚至矛盾，严重时就会导致公司分家。

所以，理想的合伙人，彼此价值观、目标等最好趋同。

- 互补的资源优势。这一条非常务实，有点像联姻。

强强联手、优势互补是寻找理想合伙人的目标。如果几个合伙人彼此间的资源、技术等能够实现互补，会对公司初期的运营非常有利，并可以在初期节省人力资源，就像腾讯“五虎”，他们通过分工协作、各自独当一面，快速推进公司产品研发、投放市场，提高公司运营效率。

- 突出的竞争优势。这一条体现了功利性。

强强联手才有可能在激烈的竞争中更快地胜出，再无其他更好的选项。换言之，要成为合伙人，总要有价值，而价值就体现在其所属领域的优势。如果合伙人拥有的资源或技术等在同行业内具有突出优势，那就恭喜你了。

- 彼此间熟悉。这一条也是务虚原则，意味着合伙人选择范围其实并不大，包括亲戚、朋友、同学、前同事、曾经的合作伙伴等。

彼此之间熟悉有利于开展工作，沟通成本将大幅降低。但是，这还不是最重要的。吴长江创立雷士照明时的合伙人彼此都是同学，应该很熟悉了，可是结果呢？我们希望在熟人中寻找合伙人，主要是为了寻找知根知底的志同道合者，否则意义不大，即大家价值观和目标趋同、彼此信任、不斤斤计较。创业者走到一起就要为了共同的目标而奋斗，在奋斗的过程中出现小问题时应给予伙伴足够的信任，不能互相猜忌，也不能为了个人利益斤斤计较，否则很难实现最终目标，中途仍会不欢而散。

当彼此不够熟悉时，有的老板在确定创业合伙人时非常谨慎，除了通过朋友详细了解对方的工作、家庭、为人等情况外，还会进行很多有意无意的考验，以确认其价值观。这种做法值得肯定。

百度、阿里巴巴、腾讯（BAT）被称为中国互联网的“黄埔军校”，例如，中国多家互联网公司的首席运营官（COO），如美团 COO、赶集网 COO、去哪儿 COO、大众点评 COO、瓜子网

COO 等都来自阿里巴巴。这些人加入公司后，其背景、经验和人脉资源为公司未来的股权融资、市场拓展等奠定了良好的基础。这些互联网平台在创建之初为了吸引用户，敢于花费上亿元在中央电视台做广告，其底气就来自融资能力的自信，而这种自信与公司创始人和合伙人密不可分。很多项目需要靠“烧钱”拓展市场，因此，如果公司没有足够强大的融资能力根本不适合运作、很难支撑下去，共享单车就是典型。那么多的共享单车企业最终只剩下两三家，且仍然处于巨额亏损状态，一度无限风光的 ofo 小黄车更是遭遇押金挤兑、濒临倒闭的困境，摩拜也陷入巨额亏损泥潭……很多共享单车企业因为缺乏持续融资能力而倒闭，早期的投资人血本无归。

提起马云和阿里巴巴的历史，很多人认为软银孙正义是阿里巴巴的贵人，其关键时刻的投资助力阿里巴巴摆脱困境、更上一层楼。传闻马云只用几分钟就搞定了孙正义的投资。真假姑且不论，其实阿里巴巴能够通过融资摆脱困境，关键人是蔡崇信。他除了帮助阿里巴巴完善公司治理、使之有利于股权融资外，更重要的是其华尔街背景引来了高盛、富达等知名投资机构，之后才是其他投资人包括软银的入股。如果没有蔡崇信这样的重要合伙人加入，阿里巴巴实现股权融资可能不会那么顺畅。马云曾经感慨：某种意义上，今天的竞争不是人才的竞争，而是合伙人的竞争……

一个好汉三个帮，找人是老板们在找钱之外最重要的工作。找到正确的人才能够在正确的方向上正确地做事，强大的合伙人将助力公司更快地发展。

3. 核心团队

市场竞争，除了资本因素外，最核心的就是人才的竞争。在社会分工日趋细化的今天，人的作用尤其是团队的协作显得越发重要。

公司除了倡导能力和效果至上的高效文化，最好再利用股权激励倡导合伙文化，从而深度绑定核心团队。股权激励将使核心团队利益与公司利益紧密结合，最大限度地激发其积极性，并使公司更易获得外部投资机构的青睐。

团队的含金量在对外股权融资过程中起着重要作用。总体来说，投资机构对团队的考察主要基于两个方面：一是初心，即团队或公司愿景；二是团队的专业性。初心决定了能走多远、能做多大，专业性则决定了初心或愿景实现的可能性。此外，团队的特质包括冲劲儿、坚韧性、责任感等务虚的选项也是机构关注的内容，没有谁希望自己投资的项目被轻易或过早地放弃。总之，不少天使投资或私募基金（PE）投资机构选择投资对象时重点关注项目和团队本身，具体的公司运营、管理等有时反倒在其次了。因此，作为公司的领导者，应重视团队建设，将“我们是谁、我们能做什么”清晰地展现给投资人。

梳理营销体系

营销体系是公司商业模式落地的关键，借助有效的营销体系，商业模式才能更加高效地落地，使公司的产品和服务送达用户。

产品和目标用户等在战略和商业模式梳理过程中已有涉

及，梳理营销体系时把握住营销的本质，围绕用户引流、转化成交和重复销售三个环节展开，应避免过于复杂，令投资人失去耐心，同时突出公司营销体系的重要特点。

1. 用户引流

进入互联网以及移动互联网时代以后，无论营销重心还是用户引流的方式都发生了重大变化。营销从产品为王、渠道为王向流量为王、用户为王的方向转变，用户引流则从线下和电视等传统媒介转向网络平台。谁拥有了流量和用户，谁就拥有了业绩提升的基础。

首先，应梳理用户引流的指导原则。比如，精准投放。在（移动）互联网时代，精准投放是用户引流的最高境界。精准投放有两个层面的意义：一是营销广告、物料等投放精准，浪费较少；二是营销工作覆盖的目标用户精准。这样就做到了营销效率的最大化。要做到精准投放，在实施之前，必须做好充分的准备工作尤其是定位工作。可以说，准确定位是精准投放的基础。要清楚主要向谁投放，这就需要定位目标用户群体。也就是说，公司主要赚谁的钱，要让哪个群体的人为你的产品或服务买单。然后就要梳理主要产品线和引流产品是否符合目标用户的需要。引流产品可以是自产的，也可以是合作的。总之，对目标群体有吸引力即可。

接着，就要梳理引流的营销媒介，这就需要了解和定位目标用户使用频次高或关注度高的媒体或线下渠道及场景，定位准确才能做到精准投放。传统媒介和线下渠道等依然有效，但是根据艾瑞咨询关于中国网络发展的研究报告，自 2014 年开始，网络取代电视成为最大的广告媒体；而近几年网络的快速发展，网络（广告）媒体（按照市场占有率）又进一步细分为：搜索引擎（关键字）、电商、社交平台、门户网站、信息流等。网络营销的平台、类型、技术等正在不断走向深入，不同行业的公司要结合自己的具体情况做好分析和梳理工作（例如，尽管网络已成为营销媒介的主战场，但是一些传统的营销和引流方式如会议营销、线下招商推介等仍然有效），不要仅聚焦主要目标却忽视了长尾渠道，在此基础上谨慎确定营销方案。

目标用户、营销媒介等确定之后，就要结合预算等实际情况来确定引流手段或策略。在这个过程中，有可能需要二次定位产品、营销媒介等，比如，需要高性价比的爆品引流时，有可能需要新增或改善现有产品线……

总之，有效的营销过程是：通过精准的定位，利用有效的引流产品和手段向精准目标用户投放，打动用户形成口碑效应，并帮助我们免费推广。实现这样的裂变，就会带动企业高速发展。互联网企业一年走过传统企业数年甚至十几年的发展之路，其秘诀也在于此。

通过公司的用户引流工作，可以让投资人清晰地感受到营销体系定位的精准和手段的高效。

2. 转化成交

用户引流之后，就进入了第二个流程：将流量变现、转化为销售额。用户引流固然重要，转化成交更重要。营销工作的重点是围绕流量提高转化率，把面上的热闹转化成后台扎实的现金流。

引流成功但转化成交环节出现问题的案例有不少。

比如秦池酒，通过央视广告的引流可谓非常成功，但是，产品质量问题被媒体曝光：因产能不足大量买基酒勾兑。秦池酒很快失去了用户的信任，转化率急剧下降，最终导致企业破产。

再如，几年前一度火热的团购网站，以拉手网为例，花费数亿元在中央电视台等做广告引流，空前火爆，但是单薄的盈利模式（团购券佣金）无法支撑巨大的广告支出和人力成本，最终销声匿迹。

转化以及流量、资源变现工作涉及多方面的因素：

首要因素就是产品体验。引流很成功，但是用户若发现产品瑕疵，包括质量不好（例如体验不够好、与宣传的不完全一致）、价格偏高（或性价比偏低）、促销力度欠缺等，转化效率就会受影响并降低，进而拉低营销效率。

其次是用户体验。用户为王、体验为王是新经济模式下营销工作的终极目标。如果销售不够专业（话术不到位、接待过程令人不适等）、渠道扶持力度有限（利润空间不够、整体营销或销售培训等支持力度上欠缺、促销力度欠缺等）、客户关系管理不到位等，难以让用户体验到好的参与感、价值感、荣誉感和快乐，就很难拥有高的转化率和营销效果，更谈不上用户忠诚度和黏性。在这方面，苹果公司可谓做到了极致。随着苹果专卖店在各地的开设，人们可以近距离地体验、试用这些高科技的产品，定价高高在上的苹果产品能够积累那么多的“果粉”，除了产品本身过硬、用户引流营销到位外，良好的用户体验功不可没。

因此，提高转化成交效率的基础是做好营销体系中其他基础性的工作：产品及其质量和价格、渠道便利性、用户体验与服务等。这些基础性的工作，任何一个方面出现短板都可能导致引流努力付之东流，甚至起到反作用。所以，就像用户引流工作之前要做好充分准备一样，转化工作同样要遵循磨刀不误砍柴工的原则，进行充分打磨。

成交的本质是价值链的传递，提升转化率的工作要围绕价值链条、提升用户一侧的价值（包括物质的和虚拟的）来进行。可重点围绕价值链提炼公司营销过程中转化成交的优势。

|案　例|

史玉柱的网游“征途”[42]

史玉柱因巨人大厦倒下，又凭借脑白金重新站起，后来涉足网游再获成功，并借壳（世纪游轮）登陆A股上市，堪称商业传奇。在设计、推出网络游戏“征途”时，史玉柱创新了“征途”的商业模式及营销系统。

首先，开创了网络游戏免费玩的先河。盛大等主导网游市场时，玩家需要购买游戏点卡才能玩，游戏的在线用户量在万人上下；免费举措实施后，用户引流的效果非常好，“征途”等的在线玩家超过 10 万人！

那么，如何将用户规模转化为盈利呢？

首先，提升玩家的荣耀感和满足感。例如，情人节时，在游戏里卖玫瑰花，每朵 1 元，买完可以献给游戏中的女朋友，系统马上显示“谁献给了谁多少朵玫瑰”。玩家们很快为之疯狂，开始时送 99 朵，最后送 999 朵、9 999 朵……一个情人节光靠卖虚拟的玫瑰花就收入 5 000 多万元。

其次，为了提升转化率，在游戏道具的定价方法上做足了准备。有款游戏需要在极品刀上镶一个宝石，玩家需要花 1 000 元。但如果定价 1 000 元，玩家很可能就不买了；于是他们调整设计，变为 10 元买宝石，但镶嵌成功的概率只有 1%，其实算下来也需要花 1 000 元，但这种方式用户更容易接受。

类似的设计调整还有很多，其核心就是围绕用户的价值做文章，让用户在虚拟世界里获得更好的满足感、成就感，用户自然愿意消费。巨人的网络游戏用户中，有人花费了数百万元！

通过梳理转化成交方面的努力，可以重点向投资人展现营销体系的高效率。

3. 重复销售

传统的营销研究统计，开发一个新用户的成本是维持一个老用户的 7 倍，所以企业均重视针对老用户的重复销售。如果用户黏度足够大，会逐渐形成品牌忠诚度，品牌价值将逐渐增长。反过来，如果花费了很高的成本完成用户引流、转化成交过程，最终却永远失去了这个用户，那么营销部门就会走入一个恶性循环：需要不断地引流、转化。网络、社交平台以及客户管理系统为企业维系自己的用户提供了技术便利。

最典型的案例当属小米。小米从雷军自带的流量入手，凭100个铁杆支持者开启了手机的研发设计之路。现在，小米网络平台的月活跃支持者数量超过3亿！小米现在不仅销售手机，还销售笔记本、路由器、充电宝、手环、插座、空气净化器、空调……这个产品清单很长，理论上甚至可以无限延长。因为小米已彻底走上了用户引流—转化成交—重复销售良性循环的道路。

通过梳理，可以总结出公司在用户引流、转化成交和重复销售等方面所做的努力和成效，最好再配合以有说服力的数据。

4. 突出公司营销体系的重要特点

从营销体系的核心属性来看，高效的营销体系具备三个重要属性：可复制性、价值可传递性、穿透性。

高效营销体系的第一个核心属性是可复制性。这意味着，当营销体系投入运行后，无论在较大的市场范围还是较小的销售区域内，它都可以通过复制实现渠道覆盖或目标用户的拓展，进而达成销售目标，使盈利模式成为现实。

加盟连锁是商业发展史上最悠久的高效营销体系和商业模式之一。随着加盟店的开设，营销体系仿佛在不断地复制和粘贴，而销售活动和品牌知名度伴随着加盟商的加入持续推进，形成正反馈，推动公司的连锁触角不断向市场纵深复制。

直销系统也充分体现了高效营销体系的可复制性特征。它通过向直销人员（市场渠道节点）大幅让利的回报方案和持续的培训，驱动渠道节点主动、积极地复制。

|**案　例**|

同仁堂健康的直销系统

同仁堂健康在取得商务部的直销许可后，没有立即启动市场，而是精心设计了直销系统。经过半年的准备之后，同仁堂健康的直销系统正式启动，当年的销售额就达到数十亿元。同仁堂健康的直销系统是什么样的呢？

无论个人还是企业均可以加入同仁堂健康成为其经销商，享受八折拿货的优惠。根据初始加入时购买金额的差异，经销商分为钻卡、金卡和银卡三个级别，分别对应 15 000 元、7 500 元、2 500 元的初始进货额，分别享受 13%、11% 和 8% 的佣金提成比例，并分别对下面五级、三级、一级经销商的直接销售业绩享有 5% 的提佣；任一周的佣金收入达到 1 万元可以晋级高级经销商，年收入达到 30 万元和 60 万元可分别晋级执行经销商、首席经销商，旗下培养出两个首席经销商的可晋级 3 品皇亲，培养出两个 3 品皇亲的可晋级 2 品皇亲，培养出四个 2 品皇亲的可晋级 1 品皇亲。高级经销商、执行经销商、首席经销商、3 品皇亲、2 品皇亲、1 品皇亲分别再奖励旗下经销商销售业绩的 0.5%、

1.5%、3%、4%、5%、6%，且所有皇亲级经销商再另行奖励分享公司全球销售收入的1%！

高额的奖励激发了经销商拓展下级经销商的积极性，再叠加同仁堂品牌的可信度和影响力，同仁堂健康在直销市场异军突起，在不到一年的时间里，销售额已达百亿元规模。

常规企业无法照搬直销模式，但是可以借鉴、学习。打造高效营销体系的重点是建立可复制的机制，并通过利益捆绑调动渠道（或销售网络节点）的积极性，使其为持续销售和拓展新的渠道节点而努力，实现营销节点的不断复制。把握住了可复制性这一核心，市场体系的建立只是时间问题。

高效营销体系的第二个核心属性是价值可传递性。有效的营销体系，最终都实现了价值的传递，即最终用户从产品或服务消费中获得了自己期望的价值。

为什么我们进入了用户为王的营销时代？因为激烈的竞争导致全社会商品过剩，全面进入买方时代（即用户占据主动的时代）。公司要赢得用户，只能围绕用户的需求和价值链去打造自己的营销体系，使公司的产品和服务融入用户的价值链，为用户带来价值，从而实现价值的传递。

从事委托生产或外包生产的企业是实现价值传递的典型，它们利用自己的专业性，为那些实施外包战略的企业代工，替其节省了大量的生产成本，从而实现双赢。

具备可复制性但不具备价值可传递性的典型系统是传销。这也是传销和直销在商业本质上的区别：直销有产品作为载体，可以为最终用户带来实用价值；传销则沦为纯粹的拉人头游戏，难以实现价值传递。

建立了可复制、可传递价值的市场体系，仅仅依靠其自我复制和价值传递去滚动发展仍然相对缓慢，公司必须在此基础上打造助推体系。这就是高效营销系统的第三个核心属性：穿透性。

营销体系的穿透性体现在公司为企业品牌、产品、渠道拓展等所做的营销和传播努力上。

在电视广告盛行时，脑白金、哈药六厂等通过在中央电视台和主要省市卫星电视台铺天盖地的广告将产品和品牌的知名度迅速传播到大江南北，在巨大的穿透力助推下，经销商、代理商的招募以及销售的效率大幅提升，营销体系快速进入良性循环。

尽管现在已进入网络营销时代，但并不影响营销体系穿透性的实质。魏则西事件的发生导致百度竞价排名广告饱受诟病。从营销的角度看，福建莆田系民营医院正是抓住了网络媒体崛起的契机，依靠大量的百度搜索关键词竞价垄断产生穿透力，使得其旗下医院在市场营销中脱颖而出，占尽了用户引流的优势。其原理与脑白金等的电视广告方法和效应一样，只是广告媒介从电视转到网络，核心仍然是借助营销的穿透性。

加盟连锁等经历了上百年考验仍然有着勃勃生机的商业模式和营销体系，充分体现了上述三个核心属性：在传递价值的同时，一方面完善产品、服务、管理流程等形成可复制性，另一方面则通过品牌传播不断强化市场穿透力。这种模式催生了很多世界性品牌，如星巴克、麦当劳、肯德基、希尔顿等，国内市场近几年也诞生了不少连锁品牌，例如如家、汉庭、海底捞等。

从本质上分析，穿透性自上而下地影响营销传播，可复制性则自下而上发力，上下结合形成合力，故而更容易产生高效的营销效果。穿透性决定和影响复制效率，可复制性通过穿透性更好地发挥作用：若可复制性良好而缺乏穿透性，则体系复制拓展的效率较低，因为市场对品牌等的认知程度不够，转化成交率就低；若穿透性足够但可复制性差，也会影响市场拓展的效率。因此，在高效的营销体系中，可复制性和穿透性是相辅相成、缺一不可的。把握住穿透性和可复制性这两个核心属性的辩证关系，就奠定了高效营销体系的基础。

此外，公司如果有稳定的大客户，将为公司的营销体系加分：一方面，大客户稳定的消费提供了现金流保障；另一方面，大客户为公司拓展市场提供了穿透力背书（品牌、信誉等），有利于营销体系的快速展开。

大客户对于公司初期的发展十分重要，但应说明公司未来的营销体系一定不能仅依赖大客户，否则运营风险会加大：一旦大客户减少订单甚至流失，将对营销体系甚至整个公司的运营带来灾难性影响。

如果用一句话来概括公司营销梳理工作的核心内容，那就是：以满足用户需求和价值（的产品或服务）为基础，建立具有穿透性和可复制性的系统，利用大客户推动用户引流、转化成交、重复销售工作高效率运行！

梳理、完善内部控制与管理体系

公司内部控制与管理体系的建设，有利于完善公司治理、建立内部约束机制、提高公司经营管理水平，促进公司全体员工明确职责分工、正确行使职权，并加强对权责履行的监督，提高公司防范经营风险的能力，为实现公司发展战略和对外股权融资奠定基础。

股权融资过程中，投资机构除了关注公司盈利能力、团队等竞争力外，肯定会关注公司内部控制和管理体系，如果内部控制和管理存在问题，他们投资时会很不放心，担心资金不会完全真实地用于公司战略发展中。股权融资成功后，如果机构投资金额较高，通常也会向公司派驻财务经理甚至财务总监，以监督资金的使用情况。如果公司没有严格的内部风控流程和措施，很容易出现问题。

|案　例|

美味七七之死[43]

生鲜电商美味七七成立于2013年5月，是从泰国最大商业公司正大集团旗下的生鲜商城独立出来的。2014年5月，美味七七获得来自亚马逊的2 000万美元投资，这是美味七七唯一一轮公开融资信息，也是亚马逊入华十年来首笔投资。2016 年 4 月 7 日，美味七七已停止营业。

美味七七在猝然倒下时暴露出诸多内部管理问题，其多名员工爆料，公司高层私设个人公司，与主体公司发起关联交易套现，甚至在倒闭前将供应商货款连夜转移到个人公司名下。美味七七的一位采购部门主管透露，美味七七仅水果品类的业务拖欠的供应商货款就在 400 万元左右，再加上水产品、粮油等类目及员工薪资，保守估计欠款达数千万元。

创始团队及内部控制缺失是美味七七倒闭的关键。此外，在拿到 A 轮融资后，美味七七开始了疯狂扩张。美味七七一位员工爆料：大规模投建线下店，但物流与仓储设备跟不上，品控与质量开始直线下降，产生大量投诉……其实也是内部管理上对投资流程的控制出现了问题。内部控制缺失，摧毁了这家曾经名噪一时的生鲜电商。

梳理、完善公司内控和管理体系的主要工作包括：识别主要风险以及关键控制活动，制定主要工作流程及其风险控制措施，制定《内部控制与管理手册》。

1. 识别主要风险以及关键控制活动

公司所处的行业及商业模式差异，会导致经营中潜在的风险有所差异。就大部分部门或工作内容而言，主要的潜在风险点及其控制建议如表 14-1 所示。

表 14-1 企业内部控制流程主要风险控制建议

工作内容	涉及部门	内部控制和管理目标	风险点	风险控制建议
投融资管理	股东会、股东大会、董事会、财务部等	规范公司股权及投资项目管理，包括投融资整体规划管理、投融资方案制定与审批、投融资会计处理、投融资过程监控及投融资效益分析等子流程，将投融资与发展战略相结合，避免盲目扩张引发流动性不足或资金链断裂；提高公司投资决策正确率，避免投资损失；合理配置资金，提高资金使用效率，避免资金无法收回及可能导致的财务困境或债务危机，严格控制资金在投放过程中的重大风险	投融资项目的可行性研究与评估	项目可行性研究与评估，计划的拟订与决策、决策与执行，协议的订立与审批，项目的执行与评估，处置方案的制定与审批、审批与执行等分别由不同的岗位或部门实施
			投融资计划的拟订与决策、决策与执行	
			投融资协议的订立与审批	
			投融资项目的执行与评估	
			投融资项目处置方案的制定与审批、审批与执行	
			融资款项偿付的审批与执行	
预算管理	财务部、总经理办公室、董事会、股东会、股东大会	通过对预算的控制，将企业的经营目标合理转化为各部门、各个岗位以至个人的具体行为目标，从根本上保证企业经营目标的实现，优化企业运行效率，促进实现企业战略发展目标	预算编制与预算审批	由不同部门执行
			预算审批与预算执行	由不同部门执行
			预算执行与预算考核	由不同部门执行

续表

工作内容	涉及部门	内部控制和管理目标	风险点	风险控制建议
合同管理	法务部、总经理办公室、业务部门等	规范、约束主体交易行为，订立与审批及执行由不同的责任人实施，规避经营风险	销售协议的签订与审批及办理发货	由不同部门执行
			其他协议的签订与审批	由不同部门执行
人力资源管理	人力资源部、财务部、总经理	健全人力资源管理机制，引进需要的人才，建立能上能下的灵活竞争机制，提高工作效率和企业凝聚力	招聘计划申请与审批	由不同部门执行
			绩效考核与薪酬管理	由不同部门执行
固定资产管理	资产使用部门、行政部、财务部	提高资产管理水平、提高财务预算和决策能力，保证财务数据的真实性、准确性	资产投资预算的编制与审批、审批与执行	由不同部门执行
			资产取得、验收与款项支付	由不同部门执行
			资产投保的申请与审批	由不同岗位实施
			资产处置的申请与审批，审批与执行	由不同部门实施
			资产的使用、保管与会计处理	由不同部门实施

续表

工作内容	涉及部门	内部控制和管理目标	风险点	风险控制建议
运营资金管理	董事会、总经理、财务部、各业务部门	规范资金收支、现金和银行账户、网银、票据、财务印章等的管理，加强资金管控，保证资金安全，避免舞弊、欺诈、资金挪用等	资金支付审批和执行	由不同部门实施
			资金保管和资金盘点清查	由财务部不同岗位实施
			出纳和资金稽核	由财务部不同岗位实施
			账目的登记与会计档案保管	由财务部不同岗位实施
销售管理	销售部、财务部、总经理办公室	规范销售、客户管理、销售合同与发货、收款管理，规避未经适当审批或越权审批导致重大差错、舞弊、欺诈等，减少甚至避免应收账款、应收票据未能收回或未能及时收回而导致的坏账风险	客户资料与信用管理	由不同部门实施
			销售协议审批与发货执行	由不同部门实施
			销售货款催收确认与入账记录	由不同部门实施
			退货验收与退款执行	由不同部门实施
			销售业务与发票开具	由不同部门实施
			坏账准备的计提与审批、坏账的核销与审批	由财务部不同岗位或财务与总经理办公室实施

续表

工作内容	涉及部门	内部控制和管理目标	风险点	风险控制建议
生产管理	采购部、财务部、法务部、总经理办公室等	健全采购业务流程，保证采购与生产和销售等环节紧密衔接，确保按质、按量、按时、经济高效地满足公司生产经营的需求，杜绝采购过程中的营私舞弊	物资请购与审批	由不同部门实施
			比价与确定供应商	由不同岗位实施
			采购与验收	由不同岗位实施
			付款的申请与审批和执行	由不同部门实施
存货管理	生产部、财务部、销售部等	重视存货的保管并加强盘点清查的实施力度，加强存货价值管理，提高周转效率，防止存货业务的错误记录和舞弊行为，提高运营效率	请购与审批、审批与执行	由不同部门实施
			采购与验收、付款	由不同岗位、不同部门实施
			保管与相关会计记录	由不同部门实施
			存货发出的申请与审批、申请与会计记录	由不同部门实施
			存货清理的申请与审批、申请与会计记录	由不同部门实施

2. 制定主要工作流程及其风险控制措施

将公司经营过程中的重复性工作流程化，有利于将公司实际控制人从繁杂的签字审批工作中解放出来，把部分工作向下授权并通过设置相应的监督措施，确保风险可控，进而提高管理效率，为公司做大规模奠定基础。这样一来，领导者就有了更充裕的时间思考和规划更重要的事项。

流程化之前，需要完善公司的组织架构和明确各岗位职责，再根据各流程可能的风险点，通过不同岗位甚至不同部门的人参与或审核，降低甚至规避相关的风险。

例如，就采购流程而言，为避免采购人员舞弊，采购前的询价和比价与最终确定供应链合作商由不同的人来执行，相互牵制，可以避免由一人完全负责时存在的拿回扣等损害公司利益的行为。投资项目可行性研究报告的撰写和项目审批也可以分别实施，决策层在审阅非由自己执笔的可行性研究报告时或许会发现项目潜在的问题。

总之，各流程控制风险的核心指导原则是：关键步骤，多人参与，相互协作与制衡，从而降低风险发生的概率。

|案　例|

彩票开奖号码出错！竟与现场摇奖号码不一致……

体彩 1998 年开始通过电脑系统销售彩票。销售、摇奖、开奖……一期接一期的循环使工作人员容易出现疏忽，导致不该出现的事故。上海市体彩中心就因为公证人员的疏忽再叠加审核流程缺失导致出现重大问题：某一期现场直播的电视台摇奖过程结束后，负责监督并抄录摇奖号码的公证人员写错了一个摇奖号码！体彩数据中心工作人员按照该号码检索了中奖彩票，并将中奖结果提交给媒体，媒体随即刊登了该期的中奖号码和中奖结果。很快，彩票中心就接到了彩民的来电，反映报纸公布的中奖号码与电视摇奖情况不符。体彩中心查看摇奖录像才发现，原来公证员誊写摇奖号码时将其中一个号码写错了，而数据中心工作人员没看摇奖实况直接按照公证人员提交的摇奖结果表单进行检索……为了保证彩票中心的信誉不受损失，上海市体彩中心决定：两组号码均作为当期的有效中奖号码。体彩中心为此额外支付了上百万元的彩票奖金。

尽管数据中心工作人员无责，为了避免类似情况出现，体彩在开奖流程中增加了一个环节：数据中心工作人员需要观看摇奖实况并进行记录，与公证人员提交的表单确认一致后才能进入检索流程……

这个案例警示我们，重要环节由多人参与、把关才能有效杜绝麻痹或疏忽引发的低级错误。将主要工作流程及其风控手段展示给投资人，有助于提升其投资的安全感。

3. 制定《内部控制与管理手册》

主要工作流程和风险控制方法确定后，公司可结合现有的管理制度及运营模式，着手制定《内部控制与管理手册》并付诸实施。该手册涵盖公司经营管理的各个层级及业务流程，从企业经营的合法合规、资产安全、财务记录的真实完整性、经营的效益和效率、可持续发展战略等目标出发，详细阐述各流程控制目标和关键风险控制过程。制定过程中，可参考财政部等五部委颁布的《企业内部控制基本规范》和配套的《企业内部控制应用指引》《企业内部控制评价指引》等有关要求。

《内部控制与管理手册》的出台，有助于拉近与投资人的距离，并为投资方进驻、为公司未来的健康稳定发展奠定基础。

梳理财务工作

作为企业的领导者，未必要精通财务，但是只有加强对财务管理工作的认识，学习并掌握必要的财务和金融知识，重视财务管理工作，才能够更好地管理公司，更合理地利用股权工具。

股权融资前的财务梳理工作，首先涉及公司财务管理制度、内部控制流程等，其次是债务风险控制，当公司经营性现金流欠佳、实施股权融资主要是为了缓解现金流压力时更应注意。另外，股权融资往往需要以经过审计的财务报告为基础对公司估值，如果此前公司实施股权激励并对财务报告进行了审计，此后的账务工作也比较规范，那么，账务梳理工作量将大大减少。否则，需要聘请会计师事务所花费较多的资金和时间成本帮助规范账务。

1. 债务风险控制

公司经营过程中的现金来源主要有两个：一是股东投入的资本，这里的股东包括原始股东、股权激励对象及对外融资新增的股东等；二是债权融资获得的借贷，包括从银行等金融机构、企业、亲朋、员工等借贷的资金。

公司借入资金后，就产生了负债，分析会计报表可以计算出公司的资产负债率以及流动比率、速动比率等与偿债能力相关的指标。不同的公司呈现不同的资产结构及债务风险：有的公司资产负债率高达 70% 以上仍然保持激进的战略，有的公司则维持极低的负债率。公司应该根据经营状况（净利润增长率、投入资本回报率等）及其趋势、债务成本等平衡资产负债率即财务杠杆，确保足够的偿债或融资能力，在银根紧缩等意外情况发生时不至于陷于被动，避免因金融机构或债权人政策突变而使公司经营陷入危机。此外，较高的资产负债率将对公司的股权融资构成负面影响。如果公司实施股权融资是为了偿债或缓解现金流压力，那么更应该提前准备和启动融资工作，因为股权融资的周期较长，应防止融资进度或融资意外影响公司的正常经营。

首先，应控制举债成本。当公司的净利润增长率、投入资本回报率等不能超过举债成本时，意味着公司运营的增长率低于资本成本。此时举债过多，意味着利息支出等财务费用将侵蚀公司利润，并不合算，应采取措施提高公司的增长率或偿还部分债务，降低财务杠杆。

其次，应关注竞争风险。市场竞争形势是动态变化的，很多因素会影响公司的盈利能力，进而对偿债能力构成影响。例如：

产品销售情况的变化。当其他因素不变时，公司产品的销售量和价格越稳定，经营风险就越低；如果销售受挫或呈现下滑趋势，则会影响常规的偿债能力。

成本的变化。当其他因素不变时，人力、生产及销售等成本越稳定，经营风险就越低；如果成本反常地呈现大幅增长趋势，则会影响常规的偿债能力。

成本结构。如果公司的成本结构中固定成本的占比较高，意味着公司的经营杠杆较高，当销售出现意外下滑后，经营风险将快速积聚。

流动性。如果经营性现金流等没有改善，应收账款、库存等持续高增长将影响公司的流动性和偿债能力。在遭遇突然的银根紧缩或债权人索债时，流动性欠佳会毁灭一个原本运营正常的公司。

|案　例|

中国企业的财务杠杆

多年以来，我国借助大规模的信贷投放，拉动钢铁、基建和房地产投资等行业刺激经济高速增长，创下了“中国速度”的经济增长神话。在这种背景下，企业（包括地方政府）负债大幅增长，经营风险不断积累。根据搜狐焦点房地产网 2017 年上半年对 A 股 3 000 余家上市公司半年报数据的统计结果，国内资产负债率最高的十个行业[44]如图 14-3 所示。

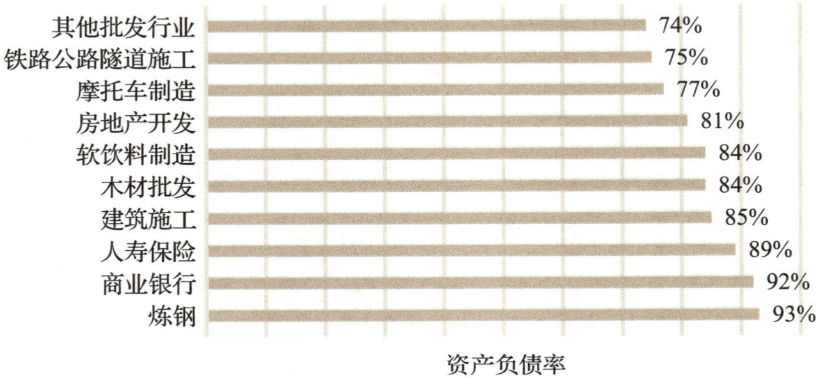

图 14-3　中国资产负债率最高的十个行业

图 14-3 中行业上市公司所反映出的行业资产负债率之高令人咋舌。

企业在畸高的资产负债率下大举扩张，在市场向好时无疑将借助债务杠杆获得超额收益，万达的王健林、恒大地产的许家印等都曾经荣登国内胡润富豪榜榜首。然而一旦发生银根紧缩，负债率过高、融资能力受限的企业将陷入十分被动的境地——万达被迫低价出售曾经寄予厚望的文旅地产就是典型案例。事实上万达还忍痛割爱了曾经大手笔收购或投资的海外项目（如西班牙大厦等）以偿还银行债务。经过一系列断臂求生的举措后，万达的资产负债率大幅降低到不足 50%。在这波去杠杆浪潮中被迫低价转让资产求生的企业还有富力地产、海航集团等。

与无须还本付息的股权融资相比，债权融资成本高且有意外集中兑付的风险，具有天然的劣势。关于公司的债务风险管理，保持可控是其核心，否则，当意外来敲门时即使没有万劫不复也会脱一层皮，导致多年的苦心经营付于流水。如果公司缺乏较强的盈利能力或市场前景，且负债率过高难以吸引投资机构，应在启动股权融资前偿还部分债务降低负债率。

2. 财务梳理

由于会计制度本身具有较大的弹性，即公司的财务数据具有弹性空间，会对财务报表中的关键数据产生很大的影响。比如，公司财务报表中，是否有专利技术等无形资产未计入？是否有涉及大幅升值的土地、房产等资产需要重新评估其价值？这会较大幅度地影响公司的资产价值，从而影响股东权益即公司净资产，这是确定公司融资前股本规模的基础。固定资产的折旧方法、坏账的认定、准备金的提取、商誉和库存减值的时机甚至通货膨胀因素等会影响公司的净利润，从而影响对公司盈利能力的评估，进而影响估值。加上公司此前的记账工作未必规范，有些项目的准确性难以保证，必要时，应聘请专业的资产评估机构进行资产评估，之后请会计师事务所协助理账、调账，为融资前的审计报告奠定良好的基础。

公司是否需要请会计师事务所对梳理完成的账目和财务报告进行审计？建议在准备阶段可以先不做。因为投资机构如果有意进行投资，则会在尽职调查后安排审计，这样准备阶段就不必做，以免造成浪费。

15 公司估值

西方的学者和金融家们一直在持续研究公司估值的方法和模型，投资学和金融学等基于理性假说、效率市场的理论中也产生了一些经典的估值模型、计算公式等，包括现金流折现法、经济利润折现法及倍数法等。然而，由于公司所在的市场环境及经营状况是动态变化且难以准确估计的，而且现代金融理论的估值原理是使用相对价格估值，即使用一种资产的价格来估算另一种资产的价值，且任何相对静态的预测（包括营业收入、净利润、现金流等的增长率和回报率以及概率分布等）都难以准确地反映未来实际的竞争和变化动态，因而导致几乎所有的估值模型都难以令人满意，估值结果很难准确！也就是说，目前根本不存在通用且完美有效的价值评估方法或模型！

正如美国金融大师本杰明·格雷厄姆（Benjamin Graham）在《聪明的投资者》中所说的："未来前景的概念，尤其是未来持续增长的概念，使人们引入了高等数学公式来计算公司的现值。但是精确的公式和非常不准确的假设相结合之后，人们就可以得出他们想要得到的任何价值数据，无论目标数字有多高。"[45]

虽然难以准确地对公司估值，但是并不意味着我们不需要了解对公司估值的方法，毕竟公司在股权融资和对外投资过程中都会涉及价值评估。公司在融资前相对准确地估算出自己的价值，可以将其作为融资谈判的底线价格，有效保护股东利益；同样，投资机构也要评估公司的价值，尽可能降低自己的投资成本。最终的成交价格便是二者的均衡，往往与底线价格接近。

经典的现金流折现法和经济利润折现法估值模型和计算方法，其估值思路是一致的：公司价值以公司未来产生现金流的能力为衡量依据，而不参考公司过去的利润指标或资产数据。虽然其操作性较差，但至少有助于我们运用逆向思维来思考如何提升公司的价值，即公司管理股权价值应围绕几个方面努力：

- 选择现金流最大化的战略和商业模式。
- 管理好投资者预期，超预期回报必然带来公司估值的大幅增长。
- 提高盈利能力，保证投资收益率高于资本成本。

实践中常用的估值方法

西方金融学和投资学发展到今天，涌现出了绝对估值法、相对估值法以及资本资产定价模型等诸多估值方法和模型，但没有一套放之四海而皆准的估值模型。不同的估值方法适用于不同的行业或企业，而且，不少估值方法不适合在国内企业中应用。我们在实践应用中涉及或参考的主要估值方法总结起来有以下四种：净资产法、市盈率法、市销率法和现金流折现法，其中市盈率法应用最广泛。

1. 净资产法

这里所指的净资产，是指公司资产负债表中经调整后的股东权益。该数据也可以理解为清算价值（即假如此时公司清算，股东们可以拿回的资产价值）或重置价值（即重新建立这样一个企业需要投入的资本）。

为什么要经调整后？因为有的资产如果不经调整，账面现值无法反映其实际价值。例如，早期购入的土地和房产，账面上一直在计提折旧，残值可能远低于购买价，但由于房地产价格的长期上涨，账面净值不能反映该项资产的实际价值，则这类资产就需要调高账面价值；又如，购入的电子设备等固定资产，虽然在计提折旧，但是如果要出售，可能需要以比账面更低的价格才能变现，这类资产需要进一步调低账面价值。于是我们得到了一个最基础的估值算法：

$$EV=AV$$

式中，EV 是企业价值；AV 是调整后的净资产。

这在某种程度上被理解为公司的最低价值。对某些传统重资产投入型企业（如石化、能源、大型制造业等）估值时，净资产法估值具有较高的参考意义，作为估值的基准依据比较合适。

但是总体来说，净资产并不能完全正常反映公司的实际价值，因为其中没包含公司的盈利能力等因素，如人力资源、产品与技术、市场和品牌影响力等。净资产估值法不适用轻资产运作，尤其是高度依赖人才的新经济企业。

2. 市盈率法

市盈率法是倍数估值方法中最简单、流行的一种。传统的市盈率法估值公式为：

$$EV=P\times PE$$

式中，P 是年度净利润；PE 是所取的市盈率。

虽然公式简单，但是两个参数——净利润和市盈率都存在水分，而且估值方法本身也存在问题：

- 市盈率没有区分经营性损益和非经营性损益，非经营性收益尤其是一次性投资收益、政府补贴等计入收入时会显著提高公司的净利润，但这类收益不可持续、在未来的经营中并不存在。

- 可比照的行业平均市盈率会处于动态变化中（且牛市和熊市期间平均市盈率相差巨大），因存在资本结构等差异未必能找到合适的参照公司。而且公司自身的盈利状况同样是动态变化的，过往的净利润指标未必能够反映未来的盈利能力，这都影响了市盈率法估值的准确性。

- 会计制度本身为公司财务指标尤其是利润等指标的调节甚

至操控提供了腾挪空间，固定资产折旧方法，存货减值、坏账减值准备金计提制度，关联交易收入等都会影响净利润指标从而直接影响估值的准确性和真实性。

- 市盈率法片面聚焦公司的净利润数据而几乎没有考虑公司的负债情况，尽管净利润中已剔除了资本利息支出。例如，假设同一行业的两家公司 A 和 B，年度净利润均为 1 000 万元，如果都按 15 倍市盈率估算，那么两家公司的市值相同，均为 1.5 亿元；如果 A 公司零负债，B 公司负债 1 亿元，那么两家公司估值相同是不是很讽刺？
- 市盈率法在面对当前亏损或微利的企业时将失灵（在数学意义上），例如，它不太适合对互联网等成长性企业估值。

在投融资实践中，市盈率法极其简单，是应用最广泛的估值方法。但是，在使用时，我们会针对上述问题对财务数据以及估值公式本身进行必要的调整和修正，以保证估值尽可能准确。

3. 市销率法

市销率法也属于倍数估值法，适用于对亏损或微利的成长性企业估值。其估值公式为：

$$EV = S \times PS$$

式中，S 是年度销售收入；PS 是所取的市销率倍数。

公式同样简单，以销售收入为基数，似乎更能反映出公司的市场竞争力。其实销售收入和倍数两个参数同样都存在水分，而且估值方法本身也存在问题：

- 销售收入本身具有较大的可操控空间，例如公司存在关联性交易、产品卖出后应收账款难以回收等情况都可能造成财务报表中的销售收入虚高，因此，估算前同样需要对销售收入进行必要的调账处理。
- 市销率法完全没有反映营业成本的影响，假设同行业的两家公司销售收入相同，但营业成本差异较大，如果采取同样的倍数，两家公司的估值将相同，这同样是不合理的。现金流折现法或经济利润折现法估值模型中，营业成本在很大程度上将决定现金流和利润，进而严重影响企业估值，而市销率法竟然完全忽视营业成本，可谓其一大硬伤。
- 市销率没有反映公司的资本结构如负债等。
- 不同行业的市销率差别巨大，因此，市销率的取值只能参照同行业企业。

在实践中，只在对亏损或微利的成长性企业估值时参考市销率法，因此，市销率法的应用远不及市盈率法普遍。

4. 现金流折现法

现金流折现法（discounted cash flow，DCF）是一种经典的估值方法，通过估算公司未来若干年所能产生的自由现金流，并根据合理的折现率折现。

DCF 在理论上是接近完美的估值模型，但仍然存在一个致命的逻辑缺陷：

公司的价值来源于投资运营产生的自由现金流（折现），但是投资活动本身将减少公司的自由现金流、减少投资将增加公司的自由现金流量，这就产生了矛盾。很多企业的财务报表中，经营活动产生的现金流正常，但扣除投资活动产生的现金流后，自由现金流却变为负值！难道企业的价值为负？

此外，在实践中，由于对未来现金流做准确预测难度极大，折现率的取值对估值的影响也较大，因此其估值的准确性和可信度大大降低。

总之，现金流折现法因实用性较差没有在实践中广泛应用，但是其估值思路对企业价值管理影响巨大，即公司的价值主要体现在：资本投入后，未来能够产生的现金流收入折成现值，公司价值的重点是未来的经营价值而不是当前的资产价值。

在实践中，具备一定规模的公司除了常规的经营业务，可能还有对外投资业务，比如持有有价证券或其他公司的股份等，此时需要在计算出经营价值后与投资价值加总。

简化估值的基本思路

如果我们回归事物的本源来审视公司的估值问题，可以使之简单化。

我们把公司的价值分成两个部分，当前的价值即现值和未来增长的价值，从而得到一个简单的估值公式：

企业价值 = 现值 + 未来增长的价值折现

如果会计报表能够真实反映公司的资产状况包括无形资产及技术等的价值，那么，公司可参考的现值就是资产负债表中的股东权益。否则，如果公司的无形资产及技术等的价值未计入会计报表，可在评估基础上计入；如果公司之前购入的土地和房产等实际上随着市场价格的上涨而大幅增值，但报表中却在逐年进行固定资产折旧减值，则也应该重新评估其价值后计入……总之，公司的现值通过账面资产净值加上评估调整基本上可以得到相对准确的数值。

未来增长价值的计算是价值评估中最难也最具挑战性的部分，具有较大的弹性，现有计算模型共有的核心理念是将未来公司的利润或现金流等折现。

未来若干年的数据很难准确预测，但是未来一年的预测数据其准确程度将大幅提高。因此，实践中我们往往在梳理和调整公司过去的财务账目后，再结合未来一年的预测数据进行估值。

应引起重视的是，由于各种估值方法的差异，不同行业企业适用不同的估值方法；甚至同一企业在不同的发展阶段也适用不同的估值方法。实践中的公司估值需要具体问题具体分析。

公司各阶段的投资类型如图 15-1 所示，实践中有 A 轮、B 轮、C 轮投资的叫法，本书将 A 轮、B 轮归于风险投资阶段，将 C 轮归于 PE 阶段。由于 PE 阶段完成后数年公司通常会 IPO 上市，因此也有人把 PE 阶段称为 Pre-IPO 阶段。总体来说，在 PE 阶段之前，企业往往尚不具备盈利能力，投资风险较高；PE 阶段开始，企业盈利能力增强，确定性更高一些。那么各阶段通常适用什么估值方法呢？我们分别来看一下。

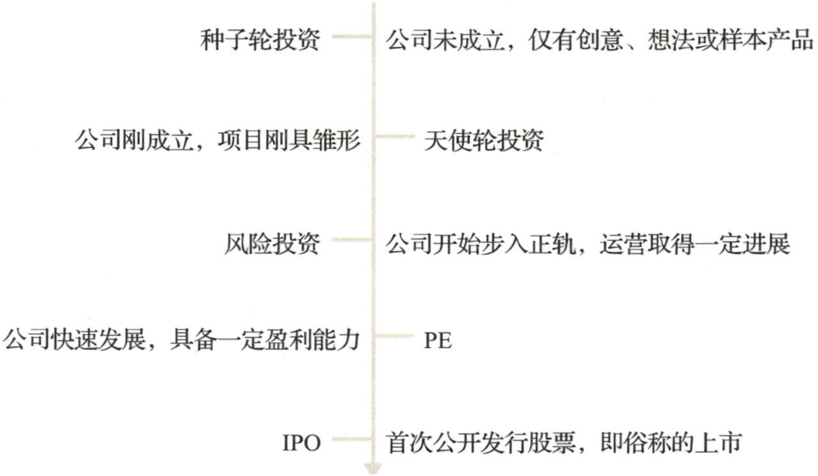

图 15-1　公司各个阶段的投资类型

1. 种子轮、天使轮投资估值方法

对这两个阶段的投资谈不上使用哪种估值方法，因为所有的估值方法都是无效的，估值几乎完全靠拍脑袋。说白了，这两个阶段的投资主要看中的因素是团队、是人，是基于团队及其执行能力的信任。

2. 风险投资阶段常用的估值方法

风险投资阶段因为公司已步入正轨、产品和市场方面取得一定进展但尚未盈利或微利，因此不适用市盈率法，比较普遍应用的是市销率法，即根据公司一年的销售额、参照行业市销率给予估值。

例如，过去一年的销售额为 500 万元、行业参考市销率为 10 倍，则公司融资时的估值可达 5 000 万元。

但很多新兴行业如互联网行业的公司，在风险投资阶段的早期如 A 轮融资时，虽然产品已投入运营并获得了不少的活跃用户，但有可能尚处于免费使用阶段或仍未找到变现的方法，因此销售额为 0，此时也不适用市销率法。对此，投资机构会根据活跃用户数（active user，AU）来估值：假设公司月活跃用户数量达到 50 万人，每个用户按 100 元估值，则公司估值为 5 000 万元。这意味着未来用户变现时，平均每个用户需要贡献 100 元以上的销售额，按照市销率法的估值才能超过 5 000 万元，投资才不会发生浮亏。

假设某互联网行业公司 A 轮融资成功，在进行 B 轮融资时，月活跃用户数量为 100 万、年营业收入预估为 500 万元（即每个活跃用户平均贡献 5 元销售额）。此时，假设 A 轮投资的机构不再继续投资、其他投资机构采用市销率法对公司进行估值，市销率仍为 10 倍，则公司估值为 5 000 万元。可是，按照 A 轮的 AU 估值（每个活跃用户 100 元）可达 1 亿元！两种不同的估值方法差一倍！此时，原股东包括 A 轮投资者很可能不同意 5 000 万元的估值，但假如此时没有风险投资机构愿意给出更高的估值，就会产生两种处理方法：一是与投资机构协商，略微提高估值，作为 A+ 轮融资进入；二是 B 轮融资失败，从而造成公司死于 B 轮融资。

3. PE 阶段估值方法

PE 阶段应用最为普遍的估值方法是市盈率法，即公司具备了较好的盈利能力，有了一定的净利润。PE 机构投资进入公司的主要目的是未来上市后退出。在这个阶段，无论用市盈率法、市销率法还是 AU 法估值，通常都能够取得比较接近的结果。

假设在这个阶段公司的月活跃用户规模达 1 000 万人、年营业收入 1 亿元、净利润 2 000 万元，则用市销率 10 倍估值为 10 亿元；用 AU 法估值（每个活跃用户 100 元）也为 10 亿元；用市盈率法估值（市盈率 50 倍）也为 10 亿元！

如果这个阶段公司有营业收入但仍未实现盈利，那么融资过程中，机构如果采用市盈率法估值，公司估值为 0，多数注重 PE 阶段投资的机构可能不会投资这样的企业。此时，企业如果现金流紧张，只能退而求其次转而寻求 B+ 轮融资，如果仍融不到资，公司就会死于 C 轮融资！因此，即使在 PE 阶段仍存在风险，倒在 C 轮融资的公司不在少数。

不同的投资机构，可能专注于不同阶段的投资，有的机构只做风险投资以及高风险、高收益阶段，有的则专注于风险相对小的 PE 阶段。偏好不同，喜欢的估值方法各异。作为拟融资的企业，应该具备一定的常识，了解这些估值方法，一方面可以知己，知道自己现在价值几何；另一方面可以简单评估一下自己所处的阶段、适用的估值方法，甚至可以清晰地知道公司的运营该朝哪个方向努力。

市盈率法估值的实践应用

我们在股权投融资实践中使用市盈率法对企业估值时，会做很多的预处理，借助会计师的专长调整企业账目，剔除一次性损益等数据的影响，使之尽可能准确地反映公司的基本面，重构财务报表，并结合过往数月的财务报表进行预测，确保得到的年度净利润等指标是未来正常经营中可持续的。

其方法和过程概括如下：

- 根据公司最近三年的账目和财务报表，梳理并调整对净利润和净资产等有影响的指标，包括剔除一次性损益、重估固定资产净值、调整社保费用支出（有的企业未足额甚至未给员工缴纳社会保险）、针对三年以上的应收账款和一年以上的存货分别计提坏账和存货减值准备金、消除异常关联交易价格因素等；这个工作量很大，但是可以重构过去三年相对准确的资产负债表和利润表等。
- 调整和更新最新一期（月度）财务报表，根据过往几个月的趋势（固定资产折旧、营业收入、营业成本和利润等）预测到年底时的净资产、负债和净利润等数据。
- 基于证券市场行情，获得公司所在行业的平均市盈率。
- 非上市中小企业的估值，通常比照行业上市公司的平均市盈率进行一定的折让（例如折算系数 50% 意味着如果以该价格投资公司股权，假定公司现在上市且行业平均市盈率不变，投资机构可以获得一倍的账面盈余）。

- 酌情扣除公司的净负债。

于是，就获得了我们实践中使用的市盈率法估值的计算公式：

$$EV=P\times PE-D$$

式中，P 是账目经调整后、预测到当年底的净利润；PE 是公司所在行业上市公司平均市盈率 × 折算系数，折算系数 <1 ；D 是账目调整后拟扣减的净负债。

上述过程剔除了非经常性损益和债务等的影响，并因为基于预测的年度净利润值而非历史数据使调整后的市盈率法的估算结果更趋近企业的价值；同时，我们很可能会发现，参照这个估值模型，值得投资的好公司真的不多。

市盈率估值法在国内 PE 阶段投融资过程中被广泛应用，市场认可度较高。

对于处在高速发展阶段的成长性企业，市场喜欢给出高市盈率估值——投资毕竟是看好未来的。金融和投资界对于市盈率法估值的一个重要心得是：一家公司的市盈率不超过其未来 3 ～ 5 年内每股收益的复合增长率即为合理，即如果公司的每股收益在未来 3 ～ 5 年能够保持 50% 的复合增长率，那么当下市盈率 50 倍的估值便可以接受——殊途同归，其实还是基于现值 + 增长价值的折现。

总而言之，无论我们进行股权融资还是股权投资，无论使用什么方法对公司估值，结果都仅能作为参考，难以做到准确，而这种不确定性可能正是投融资的魅力和艺术性所在。

公司价值估算出来后，就可以根据融资计划确定增发比例了。

结合净资产价值，可以估算出公司当前每股股权的增发价格：

每股股权的价格 = 企业价值 ÷ 净资产

在此基础上，可以初步确定融资方案，上报股东会、股东大会审议和表决。

16 股权融资渠道

初步确定股权融资方案后，就要面对融资渠道问题。

股权融资主要有两大渠道[46]：

一是私募发售，即公司寻找特定的投资人（包括天使投资机构、风险投资机构、私募投资机构、投资基金、特定企业和个人等），吸引他们的投资。大多数中小企业主要通过私募发售的方式实现股权融资。

二是公开市场发售，即公司通过在证券市场 IPO 或增发股票募集资金，包括上市、增发和配股等。绝大多数中小企业由于公司治理和盈利能力等难以达到国内 A 股证券市场上市的要求，很难通过公开市场发售的方式实现融资；某些海外证券交易所以及国内的上海科创板对上市公司的盈利能力等要求相对低一些，使一些优秀的中小企业具备了公开市场发售的条件。

私募发售

如果通过上市的方式融资，公司需要按照证券交易所和监管机构的要求进行法人治理整改，使管理和盈利能力等满足证券交易所和监管机构的要求。那么，通过私募发售的方式融资，是否就不需要整改呢？答案是否定的。通过私募发售的方式融资，也要使公司治理达到和满足投资人的要求才更容易实现融资。我们所做的一切公司治理努力以及股权激励和股权融资准备工作，都是为了使公司更加规范和充满吸引力。

按发售对象的类型，私募发售可分为对内股权激励和对外股权融资，这里我们重点讨论后者。

1. 影响股权融资的硬条件

影响股权融资的硬条件主要包括公司的竞争战略、商业模式、产品、市场和品牌影响力、财务数据等，这些硬条件代表着公司是否具有竞争优势。

在股权融资的准备工作中，我们详细讲述了如何通过梳理战略、梳理商业模式、梳理营销体系、梳理完善财务管理和内部控制等使公司取得竞争优势，在此不再赘述。

2. 影响股权融资的软条件

影响股权融资的软条件主要是指人的因素和公司管理的规范性。

人的因素首先是公司领导者的影响力建设。投资机构谈投资心得时经常挂在嘴边的一句话是“我们投的其实不是企业，而是人”。不管这是否真实，公司领导者及其团队的确在投资人考察和做决策的过程中起到重要作用。这一点从很多成功的融资案例中可以找到证据：

- 小米的雷军。小米从创建到 IPO，经历了多轮达数亿美元的融资。投资人刘芹说："小米只要是雷军掌舵，只要估值在 100 亿美元之内，我就闭着眼睛跟投。"
- 万达的王健林。当他需要出手万达文旅项目、缩减债务规模时，短短一两个月时间就与融创孙宏斌达成 136 亿元的转让协议，如此大的交易似乎在谈笑间完成……

除了个人领导力和影响力外，影响股权融资的另一个关于人的因素是核心团队。当今社会行业分工日趋细化，高效的人才、有效的团队合作和高效率的运营成为吸引投资人的重要条件。没有高效的团队，股权融资很难成功。

3. 何处寻找特定对象

什么叫特定对象？与社会公众相比，特定对象是相对确定的人群或机构，是公司及股东们不通过公共宣传就可以接触到的对象。通常包括公司内部员工、股东及高管的亲朋好友、上下游合作伙伴、投资机构或公司等。

需要重视的是，很多公司过于注重仪式感，会在股权融资这件事上犯错误：公司在酒店大搞宣传，举行股权融资发布会甚至推介会，这很容易越界成为非法集资甚至成为执法部门打击的对象；另外，不少城市对人数超限的大规模会议等要求提前申请或备案……总之，既然是私募，就不能公开地向公众宣传和推介，公司一定要把握适度原则。

如何避免私募发售过程中的非法集资

根据《关于取缔非法金融机构和非法金融业务活动中有关问题的通知》中的有关规定，非法集资是指单位或个人未依照法定程序经有关部门批准，以发行股票、债券、彩票、投资基金证券或者其他债权凭证的方式向社会公众筹集资金，并承诺在一定期限内以货币、实物以及其他方式向出资人还本付息或给予回报的行为。[47]

未上市中小企业在股权融资过程中，需要注意和规避这个定义的几个要点：

（1）面向的对象：面向社会公众筹集资金则符合了非法集资的定义，私募股权融资过程中不宜进行公开宣传，只能面向特定对象进行。

（2）不承诺还本付息：股权融资不是借款，没有还本付息的义务。投资人入资成为公司股东，其流转或退出方式需要按照《公司法》、公司章程和股东会、股东大会决议等约定的规定进行，不能在股权融资期间随意承诺。

（3）不承诺股权增值等回报：股权融资成功后，投资人成为公司股东，将与原股东共同分享运营收益、分担风险。当然，公司运营成功，将可能获得分红和股权增值等回报，但这些潜在的回报是不确定的，融资过程不宜过分渲染回报而忽略风险提示，更不能承诺回报。

|**案　例**|

以高额回报为诱饵的非法集资[48]

2006年2月至2008年8月，黄某伙同李某某、王某某注册成立上海汇乐投资管理有限公司、上海汇义投资管理有限公司等九家投资公司，以投资者参与公司发起设立可获得高额回报为诱饵，向社会公众募集资金1.3亿元；2008年4月至2009年4月，黄某又伙同张某某成立上海德浩企业、天津德厚基金公司，以招募私募基金合伙人的名义，承诺年利率8.4%的收益回报，向社会公众募集资金4 800余万元。至案发，黄某等人非法募集的1.78亿余元除部分用于返利和归还投资款外，大部分用于炒股、购房等个人消费，挥霍殆尽，造成参与者经济损失8 500余万元。

公开市场发售

公开市场发售主要是指通过证券市场发行股票融资。

目前，中国多层次的证券市场已具雏形，主板 + 中小板 + 创业板构成了 A 股市场，新三板和科创板构成了备案制和注册制试点的市场，此外还有各地方政府开办的四板等股权市场。除 A 股市场外，其他市场的融资能力尚需提升，但国内证券市场的逐步完善是大势所趋。总的来说，公开市场发售主要包括以下股权融资方式。

1. IPO 融资

IPO 是指公司第一次向公众发行股票并在证券交易所上市。通过 IPO 融资是很多优秀企业的首选。通过 IPO 过程融资上市，除了可以融到公司发展所需的资金，还能够大幅提升公司的知名度和市场影响力，其过程本身就是对公司很好的宣传。此外，公司上市后相当于建立了价值衡量标准，成了一个拥有多渠道融资功能的平台。当然，任何事情都有两面性，上市在风光地获得各种益处的背后，也将付出代价：上市费用高昂（国内主板以及美国纳斯达克等证券市场 IPO 的成本普遍在 3 000 万元人民币左右）、规范化运营导致税收支出增加以及日后的管理趋于相对透明等。

2. 增发融资

增发融资是指上市公司通过增加发行股票获得融资，既可以向特定对象定向增发，也可以向原股东增发。目前，上市公司在收购、投建新项目等涉及较多资本的项目运作时，通常选择增发融资的方式。A 股市场对上市公司增发融资的规定包括限 18 个月内增发一次，且需要上报证监会审批通过后实施。

3. 配股融资

配股融资是指上市公司通过向现有股东按一定比例配售股票获得融资。

A 股市场虽然在 IPO 阶段融资能力较强，但对增发和配股融资等审核较严且周期较长，一定程度上影响了公司上市后的后续融资能力。此外，由于 A 股 IPO 条件较高，而且采取审核制，上市过程达标难且具有相当大的不确定性，将绝大多数中小企业挡在门外；新三板上市条件和过程均相对容易，但因投资者条件等设计机制的缺陷，导致融资能力相对较差、无法满足多数企业的融资需求。因此，近年来，一些企业选择在海外证券交易所上市融资。

4. 优先股和债券融资

公司上市后成为公众企业，在监管部门批准后可以通过向公众发行固定收益的优先股、债券及可转换债券融资。

优先股是普通股的对称，是股份有限公司发行的在分配红利和剩余财产时比普通股具有优先权的股份。[49] 其本质上相当于债券，具有如下特点：优先股不受公司业绩好坏影响，有固定的股息，不参加公司的红利分配，无表决权和参与公司经营管理权；当公司破产进行财产清算时，优先股股东对公司剩余财产有先于普通股股东的要求权。

可转换债券是持有人可按照发行时约定的价格将债券转换成

公司普通股票的债券。如果债券持有人不想转换，则可以继续持有债券，直到偿还期满时收取本金和利息，也可以在可转债流通市场出售变现。[50]

公司上市后，除了常规的抵押、质押融资，在公开市场的融资渠道和融资能力较上市前均得到本质提升，而且公司股票本身也可以作为质押标的从金融机构获得融资。从某种意义上讲，公司上市后就成为一个多渠道的融资平台。

海外上市

国内证券市场其实是学习西方证券市场的产物。从管理角度看，西方证券市场管理更规范和严格，不少交易所实行备案制即合规上市，但对上市后的监管并不松，实际上甚至比国内的监管要严。由于历史的积累，发达国家的证券市场有众多的投资基金包括养老金以及投资机构活跃其中，为市场提供了巨额的资金支持。一些海外证券市场因准入条件更低、上市过程更便捷、融资能力较强等优势吸引了国内广大中小企业的注意，逐渐成为中小企业上市目的地选项。

1. 海外主要特色交易所的准入条件

从基本准入条件来说，各个市场均不相同，表 16-1 选取了部分具有代表性的海外证券交易所加以比较。

表 16-1　海外证券交易所基本准入条件比较

主要比较项目			美国纳斯达克	中国香港交易所	加拿大多伦多证券交易所	澳大利亚证券交易所	荷兰加勒比证券交易所
上市条件	更关注成长逻辑而非具体指标	净资产	1 500 万美元		75 万加元以上	400 万澳元以上	1 000 万元人民币以上
		营业收入或市值	公众最低持股市值 800 万美元	营业收入 5 亿港元或市值 20 亿港元	1 000 万加元以上或提供商业计划书	市值 1 500 万澳元以上	2 000 万元人民币以上
		净利润	100 万美元	一年 2 000 万港元、三年累计达 5 000 万港元	100 万加元以上	50 万澳元以上	200 万元人民币以上
	公司存续时间		3 年以上	3 年以上	2 年以上	3 年以上	2 年以上
交易所	上市周期		12 个月	12 个月	4 ～ 6 个月	10 ～ 12 个月	4 ～ 6 个月
	主要上市方式		IPO	IPO	红筹架构，借壳	红筹架构，IPO	红筹架构，合规
	上市难度		难	难	适中	不确定性大	适中
	适合企业		上市融资	中大型企业	上市融资；资产出海；拓展国际市场	上市融资；资产出海；拓展国际市场	挂牌拿补贴；海外上市，国内融资
	交易所类型		主板，全球排名第 3	主板，全球排名第 8	主板 / 创业板，全球排名第 7	主板，全球排名第 10	主板

就盈利能力要求来说，各海外交易所总体准入门槛较 A 股更低；就上市方式来说，多需搭建红筹架构。

有意向的企业可比照上述要求来确定自己的上市目的地。

2. 海外上市的主要优势

公司去海外上市与在国内 A 股上市相比，主要有五大优势：

- 门槛低。财务等准入门槛低，中小企业努力后更容易达到上市条件要求。
- 费用省。上市费用和过程成本相对较低，为公司节约大量支出。
- 速度快。上市速度快，备案制的不确定性相比审核制更低。
- 国际化。上市后资产出海，直接进入国际市场，利于资产全球化配置。
- 品牌升。上市过程搭建红筹架构，通过收购使公司成为外商独资企业。

3. 海外上市的主要流程

各交易所上市流程虽不完全相同，但大同小异。通常来说，从接触上市辅导机构开始到成功实现上市，需要以下流程：

（1）公司基本情况审核。公司需提供以下资料以便辅导机构和保荐人判断是否可以承接该业务：公司营业执照、公司所处产业行业情况介绍、公司概况（公司网址、战略规划、业务介绍、财务分析、公司历史沿革、团队介绍等）、公司近1～3年财务报表、公司对外投资情况（子公司、分公司、参股公司等）、公司股东与股权架构情况，并答复一些重要问题：是否存在多套报表？公司的存货核算是跟仓库的收发存同步，还是库管与财务管分别计算和管理？是否有定期盘点？应收应付/预收预付是否定期跟客户/供应商对账？目前的报表余额是否能得到客户/供应商的确认？最近2年是否存在大股东占款、关联交易、重大诉讼等情况？

（2）签约。与保荐人签订上市服务协议并支付首期费用。

（3）法务/财务尽职调查、梳理、审计。律师事务所和会计师事务所工作人员进驻公司开展工作，最终分别出具法律意见书、审计报告。

（4）红筹架构搭建。设计红筹架构并完成海外BVI控股公司注册和国内实体股东平移、章程修改等。

（5）准备上市申请文件。主要包括企业、律师事务所、会计师事务所按交易所要求准备相关资料，保荐人协调公司撰写上市申请文件，递交上市申请。

（6）审核。主要包括交易所质询，保荐人会同专业机构与交易所沟通并回复有关询问，提交上市委员会审核，重复质询/回复的过程，批准上市。

（7）正式上市。主要包括获批上市代码、股票登记与托管；完成挂牌/路演及IPO或借壳上市交易；预约、安排上市仪式；正式上市，股票开始交易。

4. 中小企业如何借力海外上市

海外上市以其相对较低的准入门槛和上市费用为擅长借助资本杠杆的企业家提供了舞台。

也许有人会说：即使海外上市准入门槛不高，上市费用也不算高，也足以吞噬企业的利润……的确，对于年净利润 1 000 万元左右甚至不足千万的企业来说，海外上市将吞噬其近一年的净利润。那么该如何降低海外上市对企业正常经营的影响呢？

海外上市实施过程中，由于尽职调查、财务梳理、财务审计等是必需的流程，公司通过上述流程的规范，财务报表通过专业审计机构审计，具备了可信的基础，此外海外上市的背书使得股权融资更加容易。公司可借机实施对内股权激励、对外股权融资等，进而扩大股权资本和公司现金流。只要在正式的审计报告出具前三个月不再进行股权变更，基本上不会影响上市的正常进程。这样，公司就可以借海外上市的契机至少实现 1 ～ 2 轮股权融资，不少企业融资获得的资金已远超上市所需费用，因而不会对企业的正常运营造成不利的影响，反而借机提升了公司的凝聚力和影响力。

17 股权融资实施

当公司经营过程中遇到扩大研发生产规模、投资新项目、降低财务杠杆等情况时，就产生了融资需要，相比之下，股权融资是首选。但股权融资不是一蹴而就的，需要提前规划和准备；否则，在资金链快断时被动融资，风险极大。

股权融资与股权激励相比，在具体内容和流程上很相似。但是由于股权融资往往涉及外部投资机构，因此公司需要做好更加充分的准备工作。

确定融资方案和融资计划书

准备工作完成后，公司就可以根据财务报表的有关数据进行初步估值；然后根据初步估值、结合融资需求确定融资方案，其内容包括融资目的、金额、增发股权数量和比例以及潜在融资对象等。

由于涉及增发股份，融资方案在实施前需要股东会、股东大会表决通过，即持有三分之二以上股份比例的股东同意股权融资方案。与股权激励时需要原股东放弃优先购买权不同的是，如果原有股东愿意参与新一轮的股权融资，应予支持，毕竟原股东有优先购买权。

股权融资方案与股权激励方案相比要简单得多，不必考虑分期兑现、与绩效挂钩以及新股东的持股、流转和退出方式等，因为融资后新股东通常是以工商注册的方式成为公司的在册股东，融资成功后可直接到工商管理部门办理注册变更登记手续；其退出方式与原有股东一样，适用正常的股权转让以及上市后通过交易退出等方式。

融资方案确定后，结合准备阶段梳理完成的公司战略、商业模式、团队、资金用途、使用计划及收益估算等形成融资计划书。

寻找特定对象

融资方案确定后，就可以寻找特定的融资对象。应该注意的是，非上市企业在寻找融资对象及实施股权融资过程中，一定要规避“股权融资渠道”一章中总结的非法集资模式，即避免向社会公众募资、不承诺高额回报、不承诺还本付息等。

原股东、员工、上下游等商业合作伙伴、亲朋好友等对象，投资时主要基于对公司的了解和信任；外部投资机构则更加关注公司的盈利能力、成长性、团队影响力等，包括公司的战略、商业模式、团队、产品及营销系统、财务数据、规范性管理、股权架构等，这也是融资准备阶段需要重点完善的内容。

融资谈判及控制权

在融资对象涉及外部机构时，通常要进行多轮的融资谈判，包括讨价还价。概括地说，公司在谈判中应重点注意以下几点。

1. 避免融资的急迫性

融资作为解决企业经营资金的渠道，应该尽早安排，如果出现迫不得已需要融资的状况，就会十分被动，在讨价还价中缺乏底气，大概率会导致低价增发股权，更有甚者会影响公司控制权。吴长江和雷士照明的案例中，吴长江在经销商和中高层干部帮助下夺回控制权后，为了赎回杜、胡二人的股份，需要在短时间内支付 1.6 亿元现金，为此他不得不借高利贷（最终转为股份）、截止期限前不得不接受软银赛富苛刻的投资条件：股份占比 35.71%，并占据董事会 5 席中的 3 席！自此，他失去了雷士照明的控制权并一直试图夺回，结果越陷越深！可以说，吴长江在雷士照明的悲剧，根源在于初创期股权架构不当，转折点就是这次谈判后软银赛富入主。

2. 充分准备（基础数据、策略、技巧等）并做好预案

只有准备充分，在谈判中才能更加从容应对。投资机构以投资企业为职业，见过和投资过的企业数量多，因此也积累了丰富

的谈判经验，公司如果不充分准备便大概率会在谈判中处于下风，其结果便是贱卖股权、损害原股东的利益。

梳理出商业计划书的目的是将公司最好的一面以及融资需求与使用计划简明扼要地展现给投资人，便于对方更快捷地了解公司，推进谈判进程。

对公司提前进行估值，确定融资所需出让的股权比例。该比例是公司一方谈判的底线之一，这一点必须明确。在此基础上，思考投资方可能的出价方案并考虑对策。

此外，最好考虑对方有可能接受的备选方案或替代方案，如股权价格不让步的情况下可接受对方派驻财务人员以及高管参与公司管理等，谈判陷入僵局时抛出替代方案经常有利于促成谈判或使谈判向好的方向发展。

最后，要充分了解对方，了解其投资过的标的和投资习惯、谈判风格等，并通过前期工作尽早与对方进一步熟悉，很多类似的谈判工作，其主要沟通过程并不一定是在正式的场合或氛围中完成的。更重要的是，要通过熟悉对方、了解他们可能的谈判条件，以便针对性地准备相应的策略。谈判归根结底是一场博弈，既然是博弈，就要在对方可能策略的基础上考虑应对策略，如果信息足够准确，双方的最终博弈均衡结果其实可以预先推演出来。

3. 正确认识对赌协议

对赌协议是投资机构的潜规则，其核心在于保持投资股权估值的均衡，否则需要根据情况进行相应的补偿。在融资过程中，公司及大股东处于相对弱势的地位，对赌协议往往难以避免，但过大的对赌协议往往隐藏着较大的风险。从投资方来考量，业绩对赌等于是对自己投资的保障；但对公司（原股东）来说，过于苛刻的对赌协议有不平等条约之嫌。反过来，投资机构其实也未必愿意赢得对赌协议，因为那意味着公司的估值已经低于甚至远低于投资时的预期，投资风险增加。

（1）业绩对赌。业绩作为估值的重要依据，往往会成为对赌协议的核心要素——承诺公司在未来若干年的业绩。如果未达成，则需要向投资机构补偿股权或资金，包括大股东无偿或者以极低的价格将部分股权转让给投资机构、以原价 + 利息回购投资机构的股份、按协议要求的算法给予投资机构现金补偿等。目前，现金补偿更为常见。

这里的业绩是泛指，除了指财务业绩，还可能包括营业收入（市销率法估值）、净利润（市盈率法估值），也可能是具体的关键业绩指标（KPI）、用户数量、产品销量等。投资机构往往会对业绩进行详细的定义，对于关联交易等影响业绩的行为有明确规范和约束。

业绩对赌的存在，有时会逼迫大股东为达成目标采取过于激进的市场策略，失去应有的理性，公司会在失速的扩张中迷失。李途纯签订融资对赌协议时，认为协议要求的业绩条件与过去几年的发展速度相比并无风险；但融资后，太子奶由于扩张过猛导致资金链断裂、陷入债务危机，李途纯被迫全部出让太子奶集团股权，离开了自己创立的品牌。

（2）上市时间对赌。上市时间对赌通常是承诺一定时期内完成上市，否则要回购投资机构持有的股份。张兰在向鼎晖融资时签订的对赌协议就是承诺四年内上市，否则回购鼎晖投资的股权。结果，因为宏观环境等的变化，俏江南未能成功上市（上市本身就不是一件容易的事，不仅取决于业绩等），张兰也无力回购鼎晖的股权。最终，鼎晖主导寻找第三方全盘收购俏江南实现退出，张兰无奈离开了自己一手创建的品牌。

（3）反稀释条款。股权融资谈判过程中通常会涉及反稀释条款：当公司未来增发股权融资但市值却更低时，投资机构将免费获得相应的股份，使持股比例不被稀释。

反稀释的要求从逻辑上可以理解。每个投资机构投资公司，都希望公司的市值持续增长，这样，再融资时自己的持股比例虽被稀释，但持股市值是增长的；但是，如果再融资时估值降低，意味着投资将发生减值，反稀释条款实质上是对潜在减值的补偿。

反稀释条款于法于理皆有谈判的余地。投资本来就存在风险，作为股东，就是要与公司（赢亏）共进退，不应要求而且谁也难以保证公司价值一定能够持续增长。按照反稀释条款的逻辑，我们可以尝试约定：当公司未来融资的估值增值时，投资机构免费补偿公司一定的股份。此外，在谈判过程中，公司可以用继续参与条款应对反稀释条款，即在后续融资过程中，投资机构应继续按比例参与投资，否则其相应权利（包括反稀释条款）将被削弱。

（4）优先条款。优先条款包括优先购股权、优先分红权、优先清算权等，当公司增发股份、分红或清算时，投资机构（较其他股东）拥有优先权。这类条款是否符合《公司法》的规定值得商榷，在谈判中亦有较大的商谈余地。

（5）董事会席位。即使投资未达到占有一个董事会席位的比例，有的投资机构也会要求董事会席位。

公司应重视对董事会的控制，防止失控导致控制权变化。董事会席位的控制从某种意义上比股权价格更重要。雷士照明在引入软银赛富时，同意对方占据董事会 5 个席位中的 3 席，大股东吴长江随即失去了实际控制权！

（6）额外的投票表决权。有的投资机构会要求超过投资比例的投票表决权，甚至要求一票否决权。

前面“掌握控制权”中谈到，《公司法》第四十二条规定，股东会会议由股东按照出资比例行使表决权；但是，公司章程另有规定的除外。

这意味着如前所述，大股东可以利用公司章程巩固自己的控制权，其他股东同样可以利用公司章程来争夺控制权！因此，投资机构的要求并不违反《公司法》。但是，这会威胁公司控制权，并可能干扰重大事项决策，大股东应谨慎对待。修改公司章程需要持股三分之二以上比例的股东表决通过，因此，对不再绝对控股的大股东而言存在一个缓冲：即使自己同意，也未必能够通过股东会、股东大会表决。

总之，当公司在融资谈判中处于相对弱势时，应时刻以控制权风险警醒自己，同时用各种方法捍卫和巩固自己的权利；反过来，当公司处于相对强势的地位时，甚至可以要求投资机构让渡增发股份的投票表决权，京东商城在融资过程中就曾发生投资人让渡投票表决权给大股东的情况。这样，大股东在股权融资后虽然持股比例降低，但投票表决权重未必降低，从而达到巩固控制权的目标。

（7）其他条款。投资机构不同，涉及的条款会有差异。除上述核心条款外，可能还有回购、股权转让、管理层绑定等诸多内容的其他条款，不再一一列举。

强烈建议在谈判过程中有法律顾问协助应对。

另外，如果对赌协议是公司与投资机构之间签署的，即未实现约定目标时由公司对投资机构进行补偿，则相关条款是无效的。这主要依据《公司法》的有关规定推断：

第三十四条　股东按照实缴的出资比例分取红利；公司新增资本时，股东有权优先按照实缴的出资比例认缴出资。但是，全体股东约定不按照出资比例分取红利或者不按照出资比例优先认缴出资的除外。

第三十五条　公司成立后，股东不得抽逃出资。

投资机构从公司的补偿中获得了收益，但是公司的补偿行为违反了《公司法》中股东按出资比例分红的规定，涉嫌损害其他股东的利益；而且投资机构涉嫌变相抽逃注册资本。因此，严格来说，公司与投资机构之间签署的对赌协议没有法律效力。

但是，投资机构如果是与大股东之间签署的对赌协议则具有法律效力。因此，实践案例中对赌受伤的都是大股东，公司在更换了大股东后仍然可以活跃在市场中。

虽然融资过程中签订对赌协议是愿赌服输之举，但是鉴于教训过于深刻，仍应尽可能避免那些不确定性风险较高的条款。公司和大股东应摆正自己的位置，不要因为对方掌握着资本就主动处于下风，公司固然需要对方的资本来更好地发展，对方同样需要寻找到好公司投资获利，从这个意义上说，要努力寻求双赢方案而不是对赌。

总之，融资谈判的最高境界是：拿到了钱，而且仍然掌握公司控制权！

尽职调查与财务审计

如果融资对象涉及外部投资机构，则尽职调查和财务审计往往不可避免。前者是投资机构详细了解公司的必要途径，后者则是投资机构对融资股权进行定价的基础。尽职调查前，公司治理等相关准备工作内容与“股权激励”部分阐述的一致，在此不再赘述。

签订协议实施

由于股权融资涉及公司股权的变更，是公司的重大事项，因此增资扩股协议（包括补充协议）签署前，公司一定要让专业的法律顾问协助审核，避免协议中出现极为不利和不当的条款。

工商登记变更

协议签署、资金到账后就可以实施工商登记变更。

在实施工商登记变更前，因为涉及新增注册资本，需要计算公司章程中载明的各股东的出资金额和所占股份比例，对于不够熟练者来说，应十分谨慎，否则，低级错误就会导致原股东持股比例被减少，损害其利益。

例如，有限责任公司融资后，新增融资如果直接计入注册资本，往往导致原有股东股份被大幅稀释！因为融资时确定每股发行价格通常以公司经评估后的净资产为基数、作为公司（假定改制为股份有限公司）总股本，在此基础上按照每股净利润和确定的市盈率进行定价，定价通常高于净资产价格即有资本溢价，在会计处理上应把新股东认购股权的每股资金分为两部分：一是与每股 1 元净资产相等的部分，其余超出的部分则计入公司资本公积，资本公积在公司未来改制为股份有限公司时可以用来向股东们转增股本。

通常情况下，公司未进行股份制改造前，注册资本与融资时的净资产金额并不一致，因此，在做工商登记变更时，应对新增资本金进行换算，否则将大幅损害原股东的利益。

能够计入新增注册资本的部分仅为增发股数 ÷ 每股净资产。

$$\text{公司融资后的注册资本} = \text{原注册资本} + \text{增发股数} \div \text{每股净资产}$$

假设某公司融资前工商登记的注册资本为 3 000 万元、评估后的净资产为 6 000 万元，即每 1 元注册资本代表 2 元净资产。

按照净资产规模进行股份制改造，公司的总股本规模为 6 000 万股，注册资本为 6 000 万元，每 1 股代表 1 元净资产。

公司目前以总股本规模 6 000 万股（每 1 股代表 1 元净资产）为基础进行融资并不进行股份制改造，增发 10% 股权即 600 万股、定价 2.5 元 / 股，那么：

$$融资总额=600\times 2.5=1\ 500（万元）$$

这 1 500 万元中，600 万元（1 元 / 股）计入总股本，总股数变为 6 600 万股（每股代表 1 元净资产），其余 900 万元计入资本公积。

$$\begin{aligned}公司融资后的注册资本 &= 3\ 000+600\div 2\\ &= 3\ 300（万元）\end{aligned}$$

具体如表 17-1 所示。

表 17-1　改制前增资后股东出资额及所占比例表

股东名称	增资后注册资本 3 300 万元	
	出资额（万元）	所占比例
原股东	3 000	90.91%
新增股东	300	9.09%

假如公司进行股份制改造，那么注册资本变更为 6 600 万元、总股本 6 600 万股，其中原股东占 6 000 万股、新增股东占

600 万股。则增资后股东出资额及所占比例如表 17-2 所示。

表 17-2　改制后增资后股东出资额及所占比例表

股东名称	改制后注册资本 6 600 万元	
	出资额（万元）	所占比例
原股东	6 000	90.91%
新增股东	600	9.09%

对比表 17-1 和表 17-2 可见，增资后原股东与新增股东的持股比例是相同的。这说明上述计算方法是正确的。

如果不做换算，直接将融资额 1 500 万元全额计入注册资本，则公司融资后的注册资本会被放大为 3 000+1 500=4 500 万元，原股东持股比例为 3 000 ÷ 4 500=66.67%，新股东持股比例为 1 500 ÷ 4 500=33.33%。

这个低级错误会把原股东的股份稀释太多！

还有一些错误的算法，比如，清楚增发股本中只有 600 万股可以计入注册资本，却未除以 2 元 / 股的净资产，则公司融资后的注册资本会被放大为 3 000+600=3 600 万元，原股东持股比例为 3 000 ÷ 3 600=83.33%，新股东持股比例为 600 ÷ 3 600=16.67%。

看起来似乎好一些，但仍会把原股东的股份稀释不少！

这种导致原股东股份被稀释的低级错误相当于一下子把原股东辛苦打拼多年的成果拱手送人！

有一个简单的校验方法可以避免类似错误。假设按照融资

方案增发了 ×% 股权，则融资增发后新股东所占股权比例应为 ×%÷(1+×%)。

仍以上述增发数据为例，增发 10% 股权、600 万股，则增发后新股东股份比例为 10%÷（1+10%）=9.09%，与表 17-1、表 17-2 的计算结果是一致的。

由实践中个别公司犯过的这些低级错误可知，无论股权激励还是股权融资，公司都应有专业的机构或顾问协助，否则，节省的钱远远弥补不了一个低级错误引发的巨额股东权益损失！

18 善用股权融资杠杆

实践见证杠杆的力量

有的公司在融资成功后疯狂扩张，完全将融资计划书中应有的计划安排和发展策略抛在一边，继而常常因为管理跟不上导致公司出现大问题。前面提到的太子奶、美味七七等原本发展较好的企业，因融资后盲目扩张等导致资金链断裂，也给旁观者留下花别人的钱不心疼的不良印象。

事实上，融资成功后进入公司账户的资金便成为公司的钱，这些钱也应用在刀刃上，而不应该被浪费。过于激进的策略背后，往往伴随着管理能力和人才跟不上等困境，甚至会引发危机。

公司应发挥融资的正向作用：成为公司发展的助推器，而不是奔向死亡的加速机。

作为资本杠杆，股权在实践中的作用是多方面的：

- 激励作用。可以通过股权激励吸引人才、激励和凝聚人才，激发主人翁责任感，保持和提升公司竞争力。

• 融资作用。无论面向员工的股权激励还是面向投资机构等的股权融资，都可以帮助企业获得发展所需要的资金。

• 助力实施内部创业战略，将技术人员攻克的新技术变成企业孵化的新项目，推向市场。

|案 例|

芬尼克兹如何实施内部创业

芬尼克兹（Phnix）是广东一家致力于热泵技术、提供环保节能系统解决方案的国家级高新技术企业。在吸收欧美等地先进热泵技术的同时，芬尼克兹非常重视公司自主研发和技术创新。芬尼克兹集团每年都要举办技术创新大赛，并对优胜项目进行投票，评委从中选出可以孵化的项目，并由集团主导创建项目公司。项目公司的股权架构为：核心技术员工个人作为创始人直接持有10%股份，创始团队其他成员持有15%股份；芬尼克兹集团持股50%，集团其他员工持股25%，如图18-1所示。

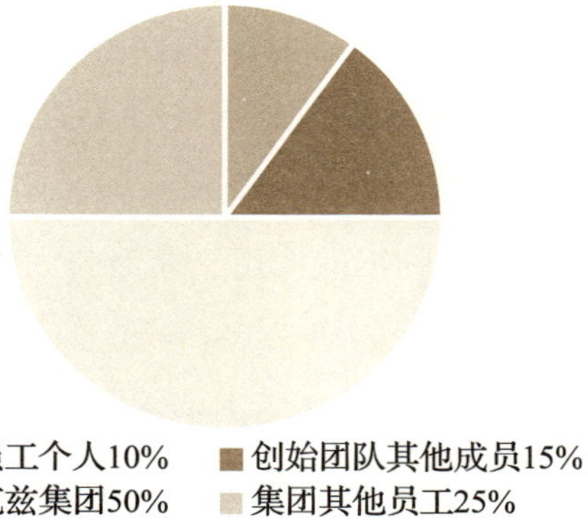

图18-1 芬尼克兹集团内部创业项目公司股权架构示意图

董事会共3人，由创始员工和集团委派的2人构成。公司实现盈利后，不完全按股权比例分红，而是优先分红20%给创业团队；30%作为滚动发展资金；全体股东按比例分配其余50%。经过十几年的努力，芬尼克兹集团获得热泵及相关领域数十项国家专利，60%以上产品出口到欧美，在全球节能环保领域占据重要的地位。

芬尼克兹借助股权推动企业内部创业战略，使集团获得了源源不断的技术驱动力，在原本欧美企业垄断的地源热泵技术领域成功立足，诠释了企业借助股权这一外部资本杠杆驱动内部创新战略的作用和力量。

- 收购竞争对手，提升竞争优势。越来越多的上市公司通过向行业内有竞争力的未上市企业股东增发股票来收购对方。收购后，不仅少了一个强有力的竞争对手，更将其人才、产品、技术、市场和财务数据合并，竞争优势进一步提升。
- 低成本实现多元化。很多优秀的公司向收购标的公司股东增发股权并购对方，实施多元化战略进入新的市场和行业，极大地缩短进入新领域的学习时间，短短几年就发展成为行业内令人瞩目的世界级企业。

|案 例|

利亚德通过股权融资快速发展为世界级企业[51]

LED技术从1998年开始逐渐应用于照明和显示，因此LED

显示是一个历史很短、很新的行业。20年来，中国LED显示市场从无到有，可谓群雄逐鹿，异彩纷呈。其中，仅广东省分布着数以百计的LED显示屏及相关部件制造商，形成了全球LED最为集中和完整的产业链。中国已成为全球最大的LED显示屏生产基地，也成为全球最大的LED显示市场。

利亚德2012年登陆创业板，2016年即发展成为全球LED显示行业龙头。它是怎么做到的？其成功之路用一句话来概括就是：通过股权融资加强研发和技术投入、收购和多元化发展。

把时针拨回到2012年，那一年利亚德成功登陆创业板，在5家上市的LED显示企业中，其营业收入规模等并无优势（见表18-1）。

表18-1　LED行业上市公司2012年营业收入对比表

单位：亿元

	利亚德	洲明科技	联建光电	艾比森	雷曼	奥拓电子
2012年营业收入	5.69	6.08	5.34	6.24	3.16	3.05
其中：显示屏业务收入	5.46	5.23	5.3	6.19	1.8	1.43

那一年，LED行业门户平台"大屏幕业绩榜"创始人兼CEO、中国光电协会LED分会专家张强预言了"LED显示产品将向小间距、高分辨率方向发展"的技术和市场趋势，利亚德果断加强技术和产品研发，并将生产重心迅速转向小间距LED产品，在2012年当年推向市场。

与此同时，利亚德开始启动股权融资，先后通过证券市场定向增发融资近40亿元，在继续加大研发和产品投入的同时，先后在LED照明、创意显示应用等领域展开了一系列收购（见表18-2），开始了多元化发展并通过并购进入海外市场。

表18-2　利亚德公司上市以来的主要收购

<table>
<tr><th>年度</th><th>收购公司</th><th>交易金额（亿元）</th><th>主要市场</th></tr>
<tr><td rowspan="2">2013</td><td>深圳金达照明</td><td>2</td><td>LED照明</td></tr>
<tr><td>北京互联亿达</td><td>0.41</td><td>显示和控制系统</td></tr>
<tr><td rowspan="2">2014</td><td>广州励丰文化</td><td>6.5</td><td>数字体验和演艺创意</td></tr>
<tr><td>北京金立翔艺彩</td><td>2.4</td><td>演艺创意</td></tr>
<tr><td rowspan="6">2015</td><td>美国平达</td><td>10</td><td>液晶显示</td></tr>
<tr><td>仁怀国酒文化演艺</td><td>0.4</td><td>文化演艺</td></tr>
<tr><td>品能光电</td><td>0.28</td><td>LED照明</td></tr>
<tr><td>铭基股份</td><td>1.62</td><td></td></tr>
<tr><td>数虎图像</td><td>0.12</td><td>视觉创意和制作</td></tr>
<tr><td>印度MIC</td><td>1.21</td><td>LED显示屏</td></tr>
<tr><td rowspan="4">2016</td><td>上海中天照明</td><td>3.5</td><td rowspan="4">LED照明</td></tr>
<tr><td>西安万科时代</td><td>1.8</td></tr>
<tr><td>昔瑞照明</td><td>1.2</td></tr>
<tr><td>上海篮硕</td><td>1.5</td></tr>
<tr><td rowspan="2">2017</td><td>湖南君泽照明</td><td>2.48</td><td>LED照明</td></tr>
<tr><td>Natural Point</td><td>8.44</td><td>光学跟踪和运动捕捉解决方案</td></tr>
<tr><td>2018</td><td>数虎图像</td><td>0.21</td><td>增持成第一大股东</td></tr>
<tr><td colspan="2">收购金额合计：</td><td colspan="2">44.07亿元</td></tr>
</table>

借助股权融资，利用小间距 LED 产品的先发优势和持续的并购，利亚德成功突围，产品在政府采购（监控、指挥、调度、会议室大屏等）和大型企业项目中几乎占据垄断性优势，到 2015 年，利亚德已成为国内 LED 显示行业领跑者；2017 年公司营业收入已达 64.71 亿元，遥遥领先于行业其他竞争者，成为全球 LED 行业龙头，创造了 5 年营业收入增长 10 余倍、市值最高增长 30 余倍的神话。LED 行业上市公司 2012—2017 年显示屏业务收入对比表如表 18-3 所示。

表 18-3　LED 行业上市公司 2012—2017 年显示屏业务收入对比表

单位：亿元

	利亚德	洲明科技	联建光电	艾比森	雷曼	奥拓电子
2012 年显示屏收入	5.46	5.23	5.3	6.24	1.8	1.43
2013 年显示屏收入	7.34	6.05	5.80	7.30	1.69	1.15
2014 年显示屏收入	9.69	7.98	6.27	10.13	2.71	1.78
2015 年显示屏收入	12.22	11.74	7.81	9.70	2.35	1.11
2016 年显示屏收入	18.06	15.88	9.35	11.05	2.78	2.60
2017 年显示屏收入	38.53	26.53	11.7	14.64	3.22	2.97

利亚德的超高速增长，充分诠释了股权融资的杠杆力量：借助股权融资而不是用公司自有资金实现收购和多元化，公司高速

发展的同时，股权价值更快速地增长。

股权价值高速增长的要素

股权价值持续增长涉及的因素很多，概括起来有持久的竞争优势、科技创新、企业家精神、投资机会等。其中，有些因素属于内在的，如企业家精神，企业家对于战略的前瞻性、行业发展和企业发展机遇的把控等在很大程度上决定了企业的未来及其价值；有些是外在的，如投资机会，企业本身就是股东投资的产物，因此，通过投资驱动企业价值增长无可非议；有些则既可能是内在的又可能是外在的，如科技创新和竞争优势，企业既可以通过内部研发和技术创新等获得，又可以通过投资、收购后整合获得。

企业完全依靠内生力量滚动发展并非不能成功，只是发展的速度会较慢。若扩张仅靠每年未分配的净利润滚动投入，除非能够像苹果公司一样获得巨大成功，保持充裕的现金流，否则不可避免地会捉襟见肘。

企业高速增长的秘诀就在于借助外部的杠杆力量：举债可以增加财务杠杆，股权融资可以增加资本杠杆。有了杠杆资金的加持，相关战略可以更快地实施，从而推动公司更快地发展。

1. 财务杠杆

企业增加债务后，只要投入再生产后的收益率高于债务利率就可以收获正的收益，从而增加企业利润和股东权益，这就是财务杠杆的核心所在。

几年前，政府加强对房地产行业的宏观调控时，万科等一线房企实施收缩战略，而原本属于二线地产企业的碧桂园却大规模举债，在三四线城市甚至海外疯狂拿地、扩张。2016 年房价暴涨之后，碧桂园营业收入等大幅增长，一举超过万科，进入中国一线房地产企业阵营。中国房地产企业的平均负债率超过 80%，它们的高速发展仰仗的就是财务杠杆。

但是财务杠杆是把双刃剑：银根宽松、行业发展趋势好时无疑将大幅增加企业的利润和价值；银根紧缩、行业遭遇发展困境时将引发企业甩卖资产还债、收益率难抵债务成本等问题，导致资产减值损失。

国内房价经历 2016 年的暴涨后，迎来了更加严厉的宏观调控。在去杠杆的压力下，此前依赖高财务杠杆扩张的万达和海航等企业不得不甩卖资产还债挺过危机，无论万达的市值还是王健林的个人资产都较高峰期大幅萎缩；碧桂园同样面临去库存的巨大压力，投资数千亿元、在马来西亚柔佛州填海建设的“森林城市”曾经红红火火地在全球营销，受马来西亚执政党的更迭等因素的影响，“森林城市”已风光不再。

长期来看，财务杠杆未必能够增加企业价值——好时增加价值，坏时大幅减值，增减相抵，未必能达到期望的正向效果。相反，如果资产负债率失控，再叠加行业短期的下行趋势则有可能导致公司陷入资金链断裂危机。

2. 资本杠杆

多数上市企业借助股权融资实施扩张战略、实现高速发展，绝大多数全球跨国巨头是依靠持续的并购发展起来的，利亚德也是上市后借助股权融资持续并购实现高速发展的。

相比债务融资，股权融资不需要还本付息，因而在投资新项目或收购企业的过程中，更易得到企业家的青睐。

但要借助资本杠杆实施收购战略、实现高速发展，首先要对收购标的公司合理估值，否则将付出太高的成长性溢价。在“公司估值”部分我们详细叙述了实践中市盈率法估值的修正模型，无论对财务数据还是估值计算方法本身都做了校正，其目的就是尽可能地去除溢价因素，避免估值过高。

笔者理解的成功收购是这样的：由于估值合理，收购标的净利润能够很快覆盖收购投资，如表 18－4 所示，利亚德收购的部分企业，收购后的逐年业绩表现超越收购时的业绩承诺，其中金达照明的收购格外成功，三年的盈利已足以收回当初的全部投资。

表 18－4　利亚德部分收购企业各年度净利润统计表

企业简称	收购价格		2014 年	2015 年	2016 年	2017 年	2018 年	小计
金达照明	2 亿元	分年度并表净利润（万元）	2 839.75	8 513.92	16 482.89	32 988.49	24 371.42	85 196.47
励丰文化	6.5 亿元			7 760.73	8 000.47	11 715.07	13 810.25	41 286.52
美国平达	10 亿元			1 457.74	9 421.42	33 988.94	13 680.90	58 549.00

说明：利亚德的年报中没有涉及其他收购标的的完整的净利润数据。

总之，公司估值在股权投融资和收购过程中意义重大。如果收购过程中估值溢价过高，将导致收购后积累较高的商誉（收购价格与净资产之间的差额）。按照监管机构的要求，商誉需要在每年年底进行减值测试，如果收购标的的盈利能力未达到标准，商誉减值将对整个公司的净利润产生极大的影响，甚至会导致巨额亏损，公司价值也将大打折扣。

因此，公司融资后如果启动收购战略，收购过程中应谨慎估值，建议参考前面总结的修正后的模型或思路，尽可能地剔除水分。

3. 投资机会

投资机会对公司的高速发展以及实施收购战略都起到重要的作用。

准确地把握投资机会将使收购看起来超值。利亚德案例中对金达照明的成功收购，除了估值因素外，还因为把握住了随后到来的城市夜景照明市场的爆发期，各地政府对于美丽景观的追求叠加规模以上城市照明企业的稀少，利亚德此前在小间距 LED 显示屏市场积累的品牌优势和政府资源，使金达照明被收购后业绩呈现爆发式增长。这意味着，成功的收购除了正确地估值，更好地把握投资机会也非常重要。

吉利控股收购沃尔沃的例子也是成功把握投资机会的典型。2008 年金融危机爆发后，福特为了自保，陆续出售捷豹、路虎和沃尔沃等亏损品牌，捷豹、路虎被印度塔塔集团收购，吉利则向福特表达了收购沃尔沃的意向。2010 年 3 月 28 日，吉利控股与福特正式签署收购协议，吉利以18亿美元收购沃尔沃100%股权（1999年福特以64.5亿美元收购了沃尔沃）；同年8月2日，双方在伦敦完成股权交割。吉利收购沃尔沃品牌和业务之后，虽然两个品牌各自独立运作，但吉利在人才、技术、产品设计、生产平台等方面得到了沃尔沃的大力支持，吉利的产品品质得到了本质性提升。再叠加中国汽车市场前几年的高速增长，吉利汽车收获了前所未有的产销量和国内外市场口碑。更令人欣慰的是，沃尔沃的市值已增长至120亿～180亿美元。

可见，无论是利亚德收购金达照明还是吉利收购沃尔沃，都是在行业不太景气甚至危机期间以较低的价格抄底收购，此后迎来市场高速发展，这种投资机会的把握能力实在令人惊叹。“投资，是技术，更是艺术！”

4. 科技创新和持久的竞争优势

随着科技的不断进步，科技对于人类的影响力越来越大，对企业价值的影响也在不断递增。前面苹果公司的案例充分验证了科技创新的巨大力量：苹果公司原本已经濒临破产，乔布斯回归后进行股权融资并加强研发，陆续推出iPod，iPhone，iPad等革命性的创新产品，改变了人们的学习、娱乐和生活方式，公司一跃成为全球市值最高的企业。

利亚德能从一家普通的LED显示屏制造企业脱颖而出，前期依靠的也是在小间距LED显示屏领域的技术创新，率先推出小间距LED显示屏产品，占领了高端显示市场，获得了超额利润、品牌溢价以及资本市场的认可，为其后续利用股权融资、实施并购战略奠定了基础。

技术创新能够显著提升公司和产品的市场竞争力并大幅提升公司的价值；反过来，那些落后的公司，其价值则会大幅缩水：曾经的手机巨头诺基亚、摩托罗拉等在苹果公司引领的智能手机创新中惨遭淘汰！诺基亚一度被微软收购、摩托罗拉先后委身于谷歌和联想，它们还不是最惨的，更惨的是一个个行业被技术创新无情地消灭！

|案　例|

新技术竟然会消灭一个行业！[52]

20世纪80年代末，寻呼行业开始在我国出现。90年代中后期，我国寻呼行业发展到了顶峰，寻呼机拥有量超过6 000万台。此时，手机刚刚开始在国内发展，尽管也具有短信息收发等功能，但由于手机设备的局限，很多手机只支持英文短消息；而且当时运营商每月对发送信息的用户要收取15元的包月服务费。因此，手机的短信息业务并没有得到用户的认可，手机的普及程度也因此受到影响。随着手机运营商取消了手机信息的包月服务费，加上中文界面手机的推出，手机短消息收发的功能释放了强大的市场能量！其结果是，手机的普及率迅速增长，而整个寻呼行业却在2000年后逐渐萎缩、消失！

随着科技的发展，这种技术替代的故事会不断上演：柯达公司发明了数码相机技术，当数码分辨率的不断迭代导致其成像技术媲美胶片后，柯达发明的数码相机技术杀死了自己赖以生存的胶卷行业！

苹果公司引领的智能手机浪潮推动了移动互联网的发展，微信等社交软件的推出使曾经风光地消灭了寻呼行业的手机短信息风光不再，用户使用量大幅萎缩，甚至手机通话业务也受到很大影响，移动电信行业的收入结构发生改变——原本以通话和短信息收入为主的结构转向数据流量和通话收入为主！

数码技术不断迭代并集成进手机后，蓬勃发展了十几年的数码相机行业迎来了最为强劲的对手：智能手机！智能手机的拍照功能不断进步的同时是数码相机市场的持续萎缩，奥林巴斯、松下、尼康等数码相机企业已先后关闭了大量工厂，它们不是在彼此间的竞争中落败，而是败给了手机！

科技创新和发展的速度越来越快，其结果就是：竞争越来越激烈、企业保持长久的竞争优势越来越难，唯一的应对策略是持续创新！曾经改变了世界的苹果公司在持续领先多年之后，目前也遭遇创新困境。同样在电子信息技术行业，有一家企业，却持续创新、领先了一百多年！

|案　例|

最优秀的持续创新企业[53]

世界变化快，电子信息行业的变化更快：电子信息行业的变化甚至推动了世界的变化。在这个发展最快的行业里，多少曾经的巨头被无情地淘汰：王安、DEC、康柏、诺基亚、摩托罗拉、柯达……可是，有一家企业竟然持续创新、领先了一百多年！

19 世纪 80 年代，它主要生产计时和打卡设备、系统，主要客户是政府部门，最高时占据 85% 以上的市场份额。

1933 年，它收购了电子打字机公司，获得了重要的专利技术。

1952 年，它推出代号为 701 的产品，进军计算机行业。

1958 年，它将计时设备部门出售给一家时间记录器企业。

1960 年代，它推出新款打字机，最高时占据 75% 的市场份额；成功研发电脑芯片、存储器、磁盘驱动器和信用卡磁条。

1964 年，它推出全球第一款大型计算机 System/360。

1980 年代，它推出了基于开放架构的 PC 兼容机，开创了 PC 时代。

1991 年，它将打字机部门分拆出售给利盟公司，将内存芯片、存储器、磁盘驱动器等部门出售。

1995 年，它收购莲花公司、Rational 等软件企业，业务内容涵盖了从数据库到对象关系管理、互联网、办公等软件产品。

1996 年，它开创电子商务（e-Business）概念，软件业务在 1999 年前保持全球第一。

2002 年，它收购普华永道，重心转向企业咨询——基于高附加值芯片和中大型服务器的软硬件整体解决方案。

2004 年，它将 PC 部门出售给联想。

2008 年，它推出万物互联的“智慧地球”概念。

2009 年，它提出“智慧城市”概念。

2014 年，它将 x86 服务器业务出售给联想。

2015 年，它研发出 7 纳米工艺芯片，处理能力为当时最强芯片的 4 倍。

2017 年，它在自己的超导量子设备上实现了新的量子算法，可高效精确地计算出小分子电子的最低能态。

2018 年，它利用区块链技术布局供应链和数字证书，使得银行间清算和跨境支付时间缩短至秒级；它用 334 亿美元收购红帽，进军云服务市场。

它已持续数十年保持全球拥有专利最多企业的殊荣（持有专利数万件）。

它就是 IT 行业的常青树——IBM。

曾经无限风光并在 PC 和小型机领域对 IBM 构成极大威胁的全球电脑品牌康柏和 DEC 已经销声匿迹，惠普和戴尔也在近几年持续萎缩的 PC 市场中勉力维持……而持续创新的 IBM 一直保持着全球拥有专利数量最多企业的荣誉，并在中大型计算机、芯片、量子计算等诸多领域保持全球领先的技术优势，这些是它在业界保持长久竞争优势的坚实基础。

常青树 IBM 的案例充分说明：市场是动态变化的，唯一不变的，就是以变应变！墨守成规或者坐享其成、放弃创新和进取只会被淘汰！

5. 企业家精神

企业家精神看起来是很虚、很软性的东西，但它似乎又是确切的存在。

吉利控股的董事长李书福从一开始造汽车就被誉为疯子，因为他在战略上藐视汽车，称其不过是“在沙发上安了四个轮子”！金融危机期间，当吉利宣布要收购沃尔沃后，很多人认为李书福真的疯了，认为这是蛇吞象、是痴心妄想！然而李书福却带领吉利及其国内外顾问合作团队共200余人全身心投入漫长的沟通和谈判过程。随着持续、深入的沟通，一笔看起来不可思议的收购竟然赢得了福特、沃尔沃的认可，随后就是中美双方政府的批准，蛇吞象的痴心妄想居然成功了！这的确是一笔疯子才能做成的疯狂的收购交易！

笔者1993年大学毕业后被分配到首钢工作，当时的首钢也出现了一位敢想敢为的企业家，他就是前首钢董事长周冠五。[54]在相当长的时期内，中国的钢铁行业一直发展缓慢。1985年，首钢在周冠五“逆势扩张，迎接未来”的战略指引下，以1 250万美元的废钢价格买下了遭比利时淘汰的赛兰钢铁厂和瓦尔费尔线材厂，拆下了其高炉、炼钢厂和四条线材厂的二手设备；为了解决高昂的运费问题，首钢同时又以商业运费的价格收购、组建了一支远洋船队，将这些设备运回国并原样重建，建成了首钢第二炼钢厂、第二线材厂（建筑用钢材）！1992年，首钢发起成立了华夏银行。同年，首钢以1.2亿美元并承担4 000余万美元债务的报价在招标中胜出，购得秘鲁铁矿的永久产权。当时 99% 的人都认为首钢做了冤大头，因为投标代价高出第二名三倍！首钢仅用了一年就使连年亏损的秘鲁铁矿起死回生，1993 年实现营业收入 9 383 万美元、盈利 500 多万美元；到 1994 年，在冶金行业原本并不起眼的首钢一举超过宝钢成为中国最大的钢铁生产企业。随着中国房地产业的蓬勃发展、全球铁矿石价格的不断上涨，2006 年当年，秘鲁铁矿以 3 亿美元的营业收入和超额利润还清了首钢所有历史投资和过往负债，并开始向首钢分红返利……今天，首钢人提起周冠五无不肃然起敬。为什么？因为他前瞻的战略视野、敢想敢为和一心为企业谋未来而不是谋一己私利的精神！因为他领导下的首钢，上上下下充满了蓬勃的干劲和一往无前的精神！

这或许就是企业家精神的力量。

我们简要总结了可能导致公司股权价值高速增长的因素，虽然角度不同，其实本质上仍然属于公司的战略、商业模式、团队、有效管理等范畴，旨在引导公司向上述方向努力，在练好内功的基础上，善用股权杠杆的力量：公司在渡过初创期向更大规模发展的过程中，股权在推动团队激励、融资、内部创业、收购和多元化战略等方面将发挥巨大的作用，从而推动公司进入高速发展轨道，快速提升股权价值。

股权融资的风险控制

股权融资在推动企业快速发展方面能够起到多方面的作用，

但实施过程中也有一些需要重视和控制的风险。这些风险主要体现在公司控制权风险、税务风险和刑事风险三个方面。

1. 公司控制权风险

公司在实施内部股权激励过程中往往不涉及控制权风险，因为大股东可以通过有限合伙企业代持员工激励股权强化自己的控制权。但是，股权融资的对象与股权激励不同，尤其当投资机构入股时往往要签订对赌协议，这就增加了控制权风险。

前面“融资谈判及控制权”部分已提到，当大股东与投资机构签订对赌协议时，无论涉及对赌业绩、IPO 上市还是反稀释约束等，一旦对赌失败，都可能会威胁大股东的控制权。因此，股权融资谈判过程中涉及上述方面时应谨慎。

在“掌握控制权”一篇中我们谈到了股权融资过程中应注意和重视控制权及其演变趋势。首先，控制股权比例的稀释速度，即大股东应对融资保持适当的克制，过于频繁、过大金额的融资需求必然导致大股东持有股份的快速稀释甚至失去控制权；其次，注意利用一致行动协议、同股不同权、让渡投票表决权等手段控制投票表决权，增加自己掌控的投票表决权重，因为控制权在股东会、股东大会上体现的方式就是投票表决权；再次，融资过程中应避免同一家机构持股比例过高，应使增发股权保持分散，并尽量不在董事会席位控制方面向投资方妥协；最后，就是强化董事会的控制权，利用公司章程控制董事人选、扩大董事会职权等巩固自己的控制权……相关内容请系统地参考“股权架构设计”和“掌握控制权”两篇，在此不再赘述。

2. 税务风险

税务风险涉及的内容较多，这里只谈与股权激励和融资密切相关的部分，主要风险包括：

（1）转增股本涉税。此项主要是指公司在融资过程中如果进行股份制改造、以评估后的净资产作为新的注册资本，则往往需要将未分配利润、盈余公积等进行转增股本处理，相当于对原股东进行分红，然后再作为资本出资，这就可能涉及所得税的处理。

当股东为企业时，根据《中华人民共和国企业所得税法》，符合条件的居民企业之间的股息、红利等权益性投资收益为免税收入；根据 2010 年发布的《国家税务总局关于贯彻落实企业所得税法若干税收问题的通知》(国税函〔2010〕79 号)，被投资企业将股权溢价所形成的资本公积转为股本的，不作为投资方企业的股息、红利收入……因此，股东为企业时，未分配利润、盈余公积、资本公积转增股本，都不需要缴纳企业所得税。但是，如果未来企业转让、出售股权时，转增股本这部分股权同样作为计税基础计算增值收益并缴税。

当股东为自然人时，根据《国家税务总局关于进一步加强高收入者个人所得税征收管理的通知》(国税发〔2010〕54 号)，加强企业转增注册资本和股本管理，对以未分配利润、盈余公积和除股票溢价发行外的其他资本公积转增注册资本和股本的，要按照“利息、股息、红利所得”项目计征个人所得税。根据《关于将国家自主创新示范区有关税收试点政策推广到全国范围实施的通知》(财税〔2015〕116号)，自2016年1月1日起，全国范围内的中小高新技术企业以未分配利润、盈余公积、资本公积向个人股东转增股本时，个人股东一次缴纳个人所得税确有困难的，可根据实际情况自行制定分期缴税计划，在不超过5个公历年度内（含）分期缴纳，并将有关资料报主管税务机关备案。

因此，股东是自然人时，未分配利润、盈余公积转增股本，需要缴纳个人所得税，但可以申请在5年内分期缴纳；资本公积转增股本，相关规定不够明确，实际操作中有不缴纳个人所得税的案例。

虽然可以递延纳税，但最终必须要上缴税务部门。实践中，暂不急于登陆国内资本市场的公司通常暂不改制和转股以避税，而选择海外上市的公司则不需要改制，因为通常是通过红筹架构登陆海外交易所，不必涉及国内经营实体的改制。

期间还可能涉及税务部门对评估净资产的认定等其他问题，若有不合规之处可能需要调整甚至补税，在此不再赘述。

（2）股权转让涉税。当股权激励或融资后有股东转让股权时，就涉及个人所得税或企业所得税（如果股东为公司）问题。“股权激励”部分提到过，当以有限合伙企业作为持股平台、转让股权获利时，只需按照合伙企业的有关规定纳税即可；如果个人股东转让股权，则按照规定缴纳个人所得税；股东为有限责任公司的，则增值部分计入公司投资收入，扣除营业成本和企业所得税后，可以向股东分配、各股东再行缴纳所得税。纳税申报过程中，如果税务部门认为转让价格过低，有可能重新核定纳税。

3. 刑事风险

融资过程中、融资后的经营过程中，一旦处理不当，公司或实际控制人都可能面临刑事风险。

可能的刑事风险主要有如下。

（1）非法吸收公众存款罪。其构成要件或行为表现为，向社会不特定对象吸收资金，承诺在一定期限内还本付息。

我们在“股权融资渠道”部分曾谈到要规避非法集资问题，就是为了规避此项风险。我们强调，融资过程中一定要向特定对象进行，不得承诺还本付息等就是为了避免构成本罪要件。

（2）对非国家工作人员行贿罪。《刑法》规定：

第一百六十四条　为谋取不正当利益，给予公司、企业或者其他单位的工作人员以财物，数额较大的，处三年以下有期徒刑或者拘役；数额巨大的，处三年以上十年以下有期徒刑，并处罚金。

…………

单位犯前两款罪的，对单位判处罚金，并对其直接负责的主管人员和其他直接责任人员，依照第一款的规定处罚。

行贿人在被追诉前主动交待行贿行为的，可以减轻处罚或者免除处罚。

对融资企业而言，主要风险点在于：为了达成融资或借债，向投资机构或债权机构的有关人员行贿。

有时，我们会谈到“合法与违法在一线间”；现在，很有点“合法与犯罪在一念间”的意味。国人喜欢通过“打点”解决问题，或许在不知不觉间，已经违法甚至犯罪！这告诫我们：融资或借债过程，企业仍应立足练好内功，避免通过不法手段达成目的。

（3）职务侵占罪和挪用资金罪。《刑法》规定：

第二百七十一条　公司、企业或者其他单位的人员，利用职务上的便利，将本单位财物非法占为己有，数额较大的……

《最高人民法院关于印发〈人民法院量刑指导意见（试行）〉的通知》规定：

构成职务侵占罪的，可以根据下列不同情形在相应的幅度内确定量刑起点：

（1）达到数额较大起点的，可以在二年以下有期徒刑、拘役幅度内确定量刑起点。

（2）达到数额巨大起点的，可以在五年至六年有期徒刑幅度内确定量刑起点。

在量刑起点的基础上，可以根据职务侵占数额等其他影响犯罪构成的犯罪事实增加刑罚量，确定基准刑。

职务侵占 6 万元以上 100 万元以下为数额较大；100 万元以上为数额巨大。《刑法》规定：

第二百七十二条　公司、企业或者其他单位的工作人员，利用职务上的便利，挪用本单位资金归个人使用或者借贷给他人，数额较大、超过三个月未还的，或者虽未超过三个月，但数额较大、进行营利活动的，或者进行非法活动的，处三年以下有期徒刑或者拘役；挪用本单位资金数额巨大的，或者数额较大不退还的，处三年以上十年以下有期徒刑。

职务侵占罪和挪用资金罪的相同点是犯罪主体都是公司、企业或其他单位的工作人员，侵犯的都是公司、企业或其他单位的财产（包括资金）所有权，客观方面都表现为利用职务上的便利。

创维数码的案例中，黄宏生就因为挪用上市公司资金获罪入刑。只不过因为创维数码在中国香港交易所上市，因此黄宏生是被中国香港警方适用中国香港法律逮捕入狱、服刑的。在公司规范化治理方面，各国家、地区之间的法律法规虽有所差异，但核心理念可谓大同小异。

国内企业尤其是中小企业的老板，因为自己掌控公司，在公司资金和个人资产之间常常没有划出明显的界限，有时从公司“挪用”资金救个人之急，有时又拿个人的资金缓解公司现金流的紧张……这是非常危险的（很可能事实上已经犯罪，只不过“民不告、官不究”）。有限责任公司最大的好处就是将公司潜在的债务等责任和风险与个人资产划清界限，股东只以出资额为限承担有限责任；如果在经营中混淆了这个界限，则从法律上加剧了股东个人风险。尤其在融资后，大股东更应注意资金的合理使用，改变过去不分公与私的做法。如果将资金据为己有或挪用，就会面临触犯职务侵占罪或挪用资金罪的风险。自己的公司只要税务等部门不查，或许没人起诉你；但融资后有了新股东，如果在资金使用方面损害了新股东的利益，新股东发起诉讼时，大股东很容易面临牢狱之灾。前面提到的美味七七案例中，如果管理层所为属实且亚马逊等投资股东发起职务侵占诉讼，美味七七的原管理层就可能面临巨大的刑事风险。

股权是一把双刃剑，用得好会充分发挥其杠杆作用，在团队激励、融资、内部创业、收购和多元化等方面发挥重要作用，推动公司高速发展，股东们也从高速发展中获益、实现价值最大化的初衷；用不好或许会为其所伤，创业者不仅会丢掉自己创立的企业，更甚者会锒铛入狱！

本书以公司控制权风险开头，以讨论股权融资相关的风险控制结束，控制风险、避免风险是股权管理以及公司日常运营管理的核心指导原则。因为无论什么风险，一旦发生就需要付出代价，有些代价是难以承受的，因此应尽量避免。

愿管理者们在实践中充分了解和掌握股权管理的有关知识和方法，能够在制定规则、遵守规则的同时有效地规避风险，只有这样，才能做到“常在河边走，总也不湿鞋”！

注释

[1] 于胜. 股权控制之争引发的悲剧.(2018-12-29). https://mp.weixin.qq.com/s/t04EckpF0XZmG6p-oKwSCA.

[2] 股权分散引发资本角逐.(2018-10-19). http://www.sohu.com/a/270185325_806432.

[3] 小米股权结构曝光:雷军目前持股比例31.4%.(2018-05-13). http://tech.163.com/18/0503/09/DGSD258K00097U7R.html.

[4]《公司法》规定:

第二百一十六条　本法下列用语的含义:……(二)控股股东,是指其出资额占有限责任公司资本总额百分之五十以上或者其持有的股份占股份有限公司股本总额百分之五十以上的股东;出资额或者持有股份的比例虽然不足百分之五十,但依其出资额或者持有的股份所享有的表决权已足以对股东会、股东大会的决议产生重大影响的股东。

[5] 海底捞上市背后的股权恩怨:张勇掀桌夺权,两位女创始人被迫退位.(2018-09-26). http://www.sohu.com/a/256242974_100201330.

[6] 清华总裁班34位同学众筹开餐厅却破产,揭背后的故事.(2018-10-17). https://finance.sina.com.cn/stock/roll/2018-10-27/doc-ihnaivxp3215809.shtml.

[7] 申音：罗辑思维的五个教训（分家启示录）.（2014-05-19）. http://www.siilu.com/20140519/99412.shtml.

[8] 上市公司股东“婚变”杀伤力有多大？.（2016-03-31）. http://finance.sina.com.cn/stock/t/2016-03-31/doc-ifxqxcnp8266205.shtml.

[9] 张兰输掉俏江南主要原因：对赌协议.（2015-11-27）. http://bbs.tianya.cn/post-develop-2096349-1.shtml.

[10] 1号店的于刚为什么离职？.（2017-12-07）. https://www.zhihu.com/question/263727962.

[11] 教科书式解读姚振华如何造钱.（2016-07-10）. http://www.sohu.com/a/103581098_412022.

[12] 格力终止收购银隆，董明珠股东大会发飙或早已看穿一切？.（2016-11-18）. http://www.techweb.com.cn/finance/2016-11-18/2435660.shtml.

[13] 诊断企业AB股，股份不超过20%的刘强东如何牢牢控制京东？.（2018-06-19）. http://www.sohu.com/a/236618711_740630.

[14] 回顾两个股权争夺的案例，看好你的公章.（2018-02-02）. http://www.myzaker.com/article/5a74425a1bc8e09f65000032/.

[15] 拿IPO募资来分红？华宝股份引深交所关注.（2019-03-14）http://stock.hexun.com/2019-03-14/196489152.html.

[16] 如何评价阿里巴巴的合伙人制度？.（2014-09-16）. https://www.zhihu.com/question/21627795.

[17] 围猎：莫高股份控制权惨案.（2016-12-07）. https://cj.sina.com.cn/article/detail/1030341137/118939.

[18] 米尔豪森. 商业模式设计与完善. 北京：人民邮电出版社，2016：227.

［19］郑国阳．山水水泥控制权之争下的公司股权结构问题．（2019-06-30）.https://www.xzbu.com/8/view-7474303.htm.

［20］最高人民法院关于适用《中华人民共和国婚姻法》若干问题的解释（二）(法释〔2003〕19号）规定：

第十五条　夫妻双方分割共同财产中的股票、债券、投资基金份额等有价证券以及未上市股份有限公司股份时，协商不成或者按市价分配有困难的，人民法院可以根据数量按比例分配。

第十六条　人民法院审理离婚案件，涉及分割夫妻共同财产中以一方名义在有限责任公司的出资额，另一方不是该公司股东的，按以下情形分别处理：

（一）夫妻双方协商一致将出资额部分或者全部转让给该股东的配偶，过半数股东同意、其他股东明确表示放弃优先购买权的，该股东的配偶可以成为该公司股东；

（二）夫妻双方就出资额转让份额和转让价格等事项协商一致后，过半数股东不同意转让，但愿意以同等价格购买该出资额的，人民法院可以对转让出资所得财产进行分割。过半数股东不同意转让，也不愿意以同等价格购买该出资额的，视为其同意转让，该股东的配偶可以成为该公司股东。

…………

［21］《公司法》规定：

第一百四十六条　有下列情形之一的，不得担任公司的董事、监事、高级管理人员：

（一）无民事行为能力或者限制民事行为能力；

（二）因贪污、贿赂、侵占财产、挪用财产或者破坏社会主义市场经济秩序，被判处刑罚，执行期满未逾五年，或者因犯罪被剥夺政治权利，执行期满未逾五年；

（三）担任破产清算的公司、企业的董事或者厂长、经理，对该公司、企业的破产负有个人责任的，自该公司、企业破产清算完结之日起未逾三年；

（四）担任因违法被吊销营业执照、责令关闭的公司、企业的法定代表人，并负有个人责任的，自该公司、企业被吊销营业执照之日起未逾三年；

（五）个人所负数额较大的债务到期未清偿。

［22］《公司法》第七十五条规定：自然人股东死亡后，其合法继承人可以继承股东资格；但是，公司章程另有规定的除外。

［23］SMART 原则 .（2019-07-18）. https://baike.baidu.com/item/SMART%E5%8E%9F%E5%88%99/8575850?fr=aladdin.

［24］最高人民法院关于适用《中华人民共和国公司法》若干问题的规定（三）(法释〔2014〕2 号）规定：

第二十四条　当事人依法履行出资义务或者依法继受取得股权后，公司未根据公司法第三十二条、第三十三条的规定签发出资证明书、记载于股东名册并办理公司登记机关登记，当事人请求公司履行上述义务的，人民法院应予支持。

第二十五条　有限责任公司的实际出资人与名义出资人订立合同，约定由实际出资人出资并享有投资权益，以名义出资人为名义股东，实际出资人与名义股东对该合同效力发生争议的，如无合同法第五十二条规定的情形，人民法院应当认定该合同有效。

前款规定的实际出资人与名义股东因投资权益的归属发生争议，实际出资人以其实际履行了出资义务为由向名义股东主张权利的，人民法院应予支持。名义股东以公司股东名册记载、公司登记机关登记为由否认实际出资人权利的，人民法院不予支持……

第二十六条　……名义股东处分股权造成实际出资人损失，实际出资人请求名义股东承担赔偿责任的，人民法院应予支持。

［25］最高人民法院关于适用《中华人民共和国公司法》若干问题的规定（三）（法释〔2014〕2号）规定：

第二十五条　……实际出资人未经公司其他股东半数以上同意，请求公司变更股东、签发出资证明书、记载于股东名册、记载于公司章程并办理公司登记机关登记的，人民法院不予支持。

［26］《合伙企业法》规定：

第五十五条　以专业知识和专门技能为客户提供有偿服务的专业服务机构，可以设立为特殊的普通合伙企业。

特殊的普通合伙企业是指合伙人依照本法第五十七条的规定承担责任的普通合伙企业。

特殊的普通合伙企业适用本节规定；本节未作规定的，适用本章第一节至第五节的规定。

第五十六条　特殊的普通合伙企业名称中应当标明“特殊普通合伙”字样。

第五十七条　一个合伙人或者数个合伙人在执业活动中因故意或者重大过失造成合伙企业债务的，应当承担无限责任或者无限连带责任，其他合伙人以其在合伙企业中的财产份额为限承担责任。

合伙人在执业活动中非因故意或者重大过失造成的合伙企业债务以及合伙企业的其他债务，由全体合伙人承担无限连带责任。

［27］《合伙企业法》规定：

第二条　本法所称合伙企业是指自然人、法人和其他组织依照本法在中国境内设立的普通合伙企业和有限合伙企业……有限合伙企业由普通合伙人和有限合伙人组成，普通合伙人对合伙企业债务承担无限连带责任，有限合伙人以其认缴的出资额为限对合伙企业债务承担责任。

第六十四条　有限合伙人可以用货币、实物、知识产权、土地使用权或者其他财产权利作价出资。

有限合伙人不得以劳务出资。

第六十七条　有限合伙企业由普通合伙人执行合伙事务……

[28]《合伙企业法》规定：

第六十五条　有限合伙人应当按照合伙协议的约定按期足额缴纳出资；未按期足额缴纳的，应当承担补缴义务，并对其他合伙人承担违约责任。

[29]《合伙企业法》规定：

第七十三条　有限合伙人可以按照合伙协议的约定向合伙人以外的人转让其在有限合伙企业中的财产份额，但应当提前三十日通知其他合伙人。

[30]《公司法》规定：

第四十三条　……股东会会议作出修改公司章程、增加或者减少注册资本的决议，以及公司合并、分立、解散或者变更公司形式的决议，必须经代表三分之二以上表决权的股东通过。

[31] 融资失败！博泰成第一个倒下的互联网造车公司，还有哪家在路上？.（2017-11-10）. http://auto.eastday.com/a/171110202628015.html.

[32] 希尔，琼斯. 战略管理：第7版. 北京：中国市场出版社，2008.

[33] 波特. 竞争优势. 北京：中信出版社，2014.

[34] 希尔，琼斯. 战略管理：第7版. 北京：中国市场出版社，2008.

[35] 同上.

[36] 同上.

[37] 刘伟，刘国宁. 战略管理. 北京：中国言实出版社，2006.

[38] 鲍尔默：1997年投资苹果是微软史上最疯狂的决定.(2015-10-27). http://tech.qq.com/a/20151027/012999.htm.

[39] 米尔豪森. 商业模式设计与完善. 北京：人民邮电出版社，2016.

[40] Boloni.(2019-07-18). https://baike.baidu.com/item/BOLONI/5824536?fr=aladdin.

[41] 挖财.(2019-07-18). https://baike.baidu.com/item/%E6%8C%96%E8%B4%A2.

[42] 史玉柱. 史玉柱自述：我的营销心得. 北京：同心出版社，2013.

[43] 融资10亿都没能逃过死亡噩运，创业者快醒醒吧.(2016-12-07). https://www.chinaventure.com.cn/cmsmodel/news/detail/306458.shtml.

[44] 中国前十大地产公司负债率平均80%，这意味着什么?.(2017-09-08). https://sh.focus.cn/zixun/ad331af7436c6606.html.

[45] 彭曼. 投资中最重要的事. 北京：中国人民大学出版社，2014.

[46] 股权融资.(2019-07-18). https://baike.baidu.com/item/%E8%82%A1%E6%9D%83%E8%9E%8D%E8%B5%84/1912578?fr=aladdin.

[47] 非法集资.(2019-07-18). https://baike.baidu.com/item/%E9%9D%9E%E6%B3%95%E9%9B%86%E8%B5%84.

[48] 中华人民共和国国务院新闻办公室. 草根PE的骗

局——上海黄某非法集资案.（2013-04-26）. http://www.scio.gov.cn/ztk/xwfb/2013/13/10/Document/1317887/1317887.htm.

［49］优先股.（2019-07-18）. https://baike.baidu.com/item/%E4%BC%98%E5%85%88%E8%82%A1.

［50］可转换债券.［2019-07-18］. https://baike.baidu.com/item/%E5%8F%AF%E8%BD%AC%E6%8D%A2%E5%80%BA%E5%88%B8.

［51］于胜.（LED显示）大咖是怎样炼成的（二）.（2018-10-23）. https://mp.weixin.qq.com/s/h6osxynJZKTSLlccqSivnQ.

［52］于胜.替代，是比竞争更可怕的力量.（2019-01-14）. https://mp.weixin.qq.com/s/19q1QsMBte4Bmq3C7ll_gA.

［53］于胜.最优秀的持续创新企业，没有之一.（2018-10-10）. https://mp.weixin.qq.com/s/590OHOWSN2-ZZlSNxepljg.

［54］于胜.大咖们是怎样渡过凛冬的？.（2018-10-17）. https://mp.weixin.qq.com/s/tt0kebSIp0nSI9-kf_P7mg.

参考文献

［1］希尔，琼斯．战略管理：第7版．北京：中国市场出版社，2008.

［2］波特．竞争优势．北京：中信出版社，2014.

［3］高根．兼并、收购和公司重组：第4版．北京：中国人民大学出版社，2010.

［4］米尔豪森．商业模式设计与完善．北京：人民邮电出版社，2016.

［5］德斯勒，曾湘泉．人力资源管理．北京：中国人民大学出版社，2007.

［6］科特勒，凯勒，卢泰宏．营销管理．北京：中国人民大学出版社，2009.

［7］罗宾斯，贾奇．组织行为学：第12版．北京：中国人民大学出版社，2008.

［8］库泽斯，波斯纳．领导力：第4版．北京：电子工业出版社，2009.

［9］贝斯利，布里格姆．财务管理精要：第12版．北京：机械工业出版社，2003.

［10］科勒，戈德哈特，威赛尔斯．价值评估：第4版．北京：电子工业出版社，2007.

[11] 彭曼．投资中最重要的事．北京：中国人民大学出版社，2014.

[12] 曼昆．经济学基础：第2版．北京：三联书店，2003.

[13] 艾瑞咨询．2017年中国网络广告市场年度监测报告．

[14] 艾登伯格．4R营销：第2版．北京：企业管理出版社，2006.

图书在版编目（CIP）数据

股权最重要的事 / 于胜著 . —北京：中国人民大学出版社，2020.1
ISBN 978-7-300-27482-9

Ⅰ. ①股… Ⅱ. ①于… Ⅲ. ①股权管理 Ⅳ. ① F271.2

中国版本图书馆 CIP 数据核字（2019）第 217170 号

股权最重要的事
于胜　著
Guquan Zuizhongyao de Shi

出版发行	中国人民大学出版社		
社　　址	北京中关村大街 31 号	**邮政编码**	100080
电　　话	010 – 62511242（总编室）		010 – 62511770（质管部）
	010 – 82501766（邮购部）		010 – 62514148（门市部）
	010 – 62515195（发行公司）		010 – 62515275（盗版举报）
网　　址	http://www.crup.com.cn		
经　　销	新华书店		
印　　刷	北京联兴盛业印刷股份有限公司		
规　　格	148mm×210mm　32 开本	**版　　次**	2020 年 1 月第 1 版
印　　张	10.75 插页 2	**印　　次**	2021 年 5 月第 3 次印刷
字　　数	216 000	**定　　价**	65.00 元